Alois Kothgasser · Clemens Sedmak

Geben und Vergeben

Alois Kothgasser
Clemens Sedmak

GEBEN UND VERGEBEN

Von der Kunst, neu zu beginnen

Tyrolia-Verlag · Innsbruck-Wien

Mitglied der Verlagsgruppe „engagement“

Bibliografische Information Der Deutschen Nationalbibliothek
Die Deutsche Nationalbibliothek verzeichnet diese Publikation in der Deutschen Nationalbibliografie; detaillierte bibliografische Daten sind im Internet über http://dnb.d-nb.de abrufbar.

2008

Umschlaggestaltung: Tyrolia-Verlag
unter Verwendung eines Bildes von Maximilian Paulin
Layout und digitale Gestaltung: Tyrolia-Verlag
Druck und Bindung: CPI Moravia Books, Tschechien
ISBN 978-3-7022-2911-5
E-Mail: buchverlag@tyrolia.at
Internet: www.tyrolia.at

Inhalt

Vorwort

Dieses Buch ist eine Einladung für eine persönliche Kultur des Neuanfangs. Eine Einladung nicht aus der Sicht von „Weisen, die den Weg gefunden haben“, sondern aus der Sicht von Pilgern, die auf dem Weg sind. Aus der Lebenserfahrung, der Glaubenserfahrung und der Hoffnungserfahrung dieses Weges heraus ist dieses Buch entstanden.

Wir wollen mit diesem kleinen Buch eine Hilfe anbieten, eine Begleitung auf dem Weg, der uns als einzelne Menschen und auch als Gemeinschaft hin zu Gott führt. Dieser Weg hin zu Gott verlangt nichts Unmögliches von uns. Wenn wir jeden Tag das tun, was von uns verlangt wird, die Fragen beantworten, die das Leben an uns heranträgt, die Pflichten erfüllen, die der Tag mit sich bringt – dann machen wir Schritte auf diesem Weg. Wir brauchen dazu eine Spiritualität, die sich im Alltag unseres Lebens bewähren kann, in den großen Rahmenbedingungen und in den kleinen Dingen. Es sind ja sehr oft die kleinen Dinge, die über das Gelingen von Beziehungen oder auch das Gelingen von Projekten entscheiden. Den Blick auf die kleinen Dinge wollen wir schärfen, ohne dabei das große Ziel zu übersehen. Wir wollen, wie es Benedikt XVI. in seiner zweiten Enzyklika über die Hoffnung ausgedrückt hat, „die kleinen Hoffnungen“ nähren und achten, ohne die große Hoffnung aus den Augen zu verlieren.

Es gibt besondere Anlässe und Impulse für einen konkreten Neubeginn: Das muss nicht unbedingt die

Fastenzeit sein, aber es hat immer mit der Sehnsucht nach einer echten, ehrlichen Begegnung mit Gott zu tun. In der Bergpredigt gibt uns Jesus den entscheidenden Hinweis: „Wenn du deine Opfergabe zum Altar bringst und dir dabei einfällt, dass dein Bruder etwas gegen dich hat, so lass deine Gabe dort vor dem Altar liegen; geh und versöhne dich zuerst mit deinem Bruder, dann komm und opfere die Gabe“ (Mt 5,23f).

Seine Opfergabe zum Altar bringen, das heißt, mit Gott in Beziehung treten. Da geht es jedes Mal um eine ganz wörtliche Umkehr: Zurückgehen zum Bruder und zur Schwester und ihnen vergeben.

Wir möchten unseren Mitmenschen die eigentliche „Opfergabe“, die Gottesgabe schenken, die jede Beziehung nährt und heilt, nämlich die Versöhnung! Das Schöne daran ist, dass wir für dieses Geschenk keine „Voraussetzungen“ erfüllen, nichts „besitzen“, nichts „haben“ müssen. Wir können auch dann „ver-geben“, wenn wir ganz mit leeren Händen dastehen, vielleicht verletzt und ausgeraubt wie der Mensch im Gleichnis vom Barmherzigen Samariter.

Dann ist jener Neubeginn schon gesetzt, um den es in diesem Buch geht. Dann gehen uns langsam die Augen auf, und wir erkennen, womit Gott uns immer schon zuerst beschenkt hat und all unser Mühen umfängt.

Möge die Einladung auf offene Herzen stoßen. Denn eines wissen wir sicher: Jesus freut sich über Menschen brennenden Herzens, über ein Feuer, das die Menschen wärmt und gegen die Gleichgültigkeit brennt (vgl. Lk 12,49).

Alois Kothgasser, Clemens Sedmak

Einleitung

Mittelmäßige Sünder und die Kunst des Anfangens

Mittelmäßige Sünder

Die meisten von uns sind mittelmäßige Sünder – wir helfen uns mit Notlügen aus, sind ein bisschen träge und nachlässig, schummeln vielleicht ein wenig bei der Steuererklärung, verlieren mitunter die Nerven, lassen uns zu boshaften Bemerkungen hinreißen … Aber, so trösten wir uns, wir bringen niemanden um, wir machen uns keiner Gotteslästerung schuldig, wir begehen keine Gewaltverbrechen, wir sind keine Trickdiebe oder Heiratsschwindler, wir verdienen unser Geld nicht mit Pornographie oder Drogenhandel. Das würde wohl auf die meisten von uns, die wir solche Bücher lesen oder solche Bücher schreiben, zutreffen. Die meisten von uns können sich in den Spiegel schauen, weil sie sich nichts Gröberes zuschulden kommen haben lassen. Und doch: Und doch lauert hier eine Gefahr. Es ist die Gefahr, dass wir ein wenig selbstgefällig sind, zufrieden mit unseren moralischen Leistungen. Auch wenn wir es nicht gerne zugeben, wollen wir uns doch von „den wirklichen Verbrechern", „den schweren Sündern", „den bösen Menschen" unterscheiden. Wir können uns vielleicht sogar dabei ertappen, dass wir uns im Gebet vor den lieben Gott stellen und uns bei Ihm bedanken, dass wir nicht so sind wie die wirklichen Gauner, deren Gier keine Grenze kennt. Und wir denken an überbezahlte Manager, an hochdotierte Schauspielerinnen, an korrupte Politiker, an Mafiabosse und Drogenbarone – und wir danken dem lieben Gott, dass wir nicht so sind wie sie; gerade so, wie im Evangelium der fromme und gesetzestreue Pharisäer dem lieben Gott dankt, dass er nicht so ist wie der Zöllner, der mit der römischen Besatzungsmacht zusammenarbeitet und sich an den eigenen Leuten bereichert (Lk 18,9–14).

Es soll nicht gesagt sein, dass ein Leben mit mittelmäßigen Sündern nicht auch angenehm ist. Das Leben mit einem Mafiaboss ist nicht idyllisch, das Leben eines Diktators ist anstrengend, und auch – um sozusagen die andere Seite anzusprechen – ein Zusammenleben mit Heiligen ist ermüdend. Mutter Teresa war bekannt dafür, dass sie es den Menschen nicht leicht gemacht hat; das gilt auch für Maximilian Kolbe, Pater Pio oder Schwester Faustina, sicher auch für Franz Jägerstätter, der seine junge Familie aus Gewissensgründen verlassen musste. So sind wir also mittelmäßige Sünder in der Gesellschaft mittelmäßiger Sünder. Das gilt auch für viele Frauen und Männer der Kirche, auch für manche Priester und Bischöfe. Es gab in Salzburg heiligmäßige Erzbischöfe, aber auch solche, die wohl nur mäßig heilig waren. Und es soll auch nicht verhehlt werden, dass es schon vorstellbar ist, dass der liebe Gott zu einem kirchlichen Würdenträger, der ins Paradies eingehen will, ein wenig traurig sagen könnte: Du hast deinen Lohn schon empfangen!

So finden wir uns also als eine Herde mittelmäßiger Sünder. Und in diesem Mittelmaß liegt ein Keim von Selbstzufriedenheit. Wir bekennen unsere Sünden, aber eigentlich ohne den tiefen Vorsatz, an uns zu arbeiten und etwas zu ändern. Wir wissen oft um unsere Schwächen, um unsere scharfe Zunge, um unser neidvolles Herz, um unseren verwöhnten Gaumen – und wir haben eigentlich nicht die Absicht, ernsthaft und Schritt für Schritt die Anstrengung des inneren Wachstums auf uns zu nehmen. Natürlich ist es wichtig, dass wir uns selber annehmen. Natürlich ist es wichtig, dass wir dankbar sind für die Gaben, die der liebe Gott uns geschenkt hat; natürlich ist die Selbstliebe Maß für die Nächstenliebe. Und doch: Und doch geht es im Leben nicht darum, „es sich einzurichten", ein „Wohnzimmer" gefunden zu haben, in dem wir zur Ruhe kommen können. Es ist eigentlich ein wenig traurig, wenn Menschen sagen, dass sie in der Pension „Golf spielen und reisen" wollen. Denn das Leben, das Gott schenken will und das Jesus Christus vorgelebt hat, ist nicht das Leben der Mittelmäßigkeit.

Nachfolge Jesu ist immer auch eine Einladung, aus den Sicherheiten und der Mittelmäßigkeit herauszutreten. Der geistliche Weg soll zwar nicht zum Hochleistungssport werden, auch hier bedarf es der Gelassenheit und der Geduld mit uns selbst. Das Anliegen von innerem Wachstum soll nicht mit zügellosem Ehrgeiz oder gar mit einem Wettbewerbsdenken zu eigen gemacht werden. Dennoch geht es im Leben in der Nachfolge Jesu darum, dass wir an uns arbeiten. Jesus macht immer wieder klar, dass es um ein Brennen geht, um eine Suche nach dem lebendigen Gott. Jesus selbst sagt von sich, dass er gekommen sei, Feuer auf die Erde zu werfen (Lk 12,49) – „wie froh wäre ich, es würde schon brennen!“ Das Lauwarme eines Lebens, das bloß so dahinplätschert, ist nicht das Bild des Lebens, das uns Jesus vermittelt. Im Gegenteil: Wir sehen im Buch der Offenbarung, im berühmten Wort an die Gemeinde in Laodizea, dass die Lauheit der Feind des Lebens ist: „Du bist weder kalt noch heiß. Wärest du doch kalt oder heiß!“ (Offb 3,15). Und an dieser Stelle finden wir auch den Hinweis, dass die Gemeinde sich für „reich und wohlhabend“ hält, aber gerade „elend und erbärmlich“ ist (Offb 3,17).

Was hat es mit dieser Lauheit auf sich? Vielleicht können wir uns das mit einer Einsicht aus dem Buch Ijob im Alten Testament verdeutlichen: Ijob wird nach seinen Schicksalsschlägen, wie wir wissen, von seinen Freunden getröstet. Sie machen das auf eine behutsame Art, indem sie aus Respekt und in Trauer zunächst sieben Tage gemeinsam mit Ijob schweigen – „denn sie sahen, dass sein Schmerz sehr groß war“ (Ijob 2,13). Dann beginnen sie zu sprechen und erinnern Ijob daran, dass alles nach Gottes Gesetz geschieht, dass er nicht mit Gott rechten kann, dass Gott in unerreichbarer Höhe über dem Menschen steht. All dies wird in ausgefeilten Reden als Trost und auch als leiser Tadel gegenüber Ijob, der sich keiner Schuld bewusst ist, dargeboten. Diese Reden und die Gegenreden des Ijob nehmen den größten Teil des Buches Ijob ein.

Im Kapitel 38 schließlich, nach der vierten Rede des Elihu, tritt Gott als Redner auf. Über zwei Kapitel hinweg weist Gott auf Seine Größe hin, auf die Rätsel der Schöpfung, auf die Gesetze der Natur. Ijob gibt sich in seiner Reaktion auf diese kraftvollen Worte demütig: „Siehe, ich bin zu gering. Was kann ich dir erwidern?" (Ijob 40,4). Nochmals erhebt Gott die Stimme und spricht über Seine Weisheit und Macht, über die Größe von geschaffenen Lebewesen wie Nilpferd und Krokodil. Wiederum ist Ijobs Reaktion eine Geste der Unterwerfung: „Ich hab erkannt, dass du alles vermagst … So habe ich denn im Unverstand geredet über die Dinge, die zu wunderbar für mich und unbegreiflich sind" (Ijob 42,2f). Das mag den Leser und die Leserin irritieren. So lange hat Ijob gekämpft und sich von seinen Freunden nicht überzeugen lassen und auf einmal gibt er klein bei. Warum eigentlich? Diese Frage ist deswegen berechtigt, da Gott dem Inhalt nach nichts anderes sagt als die Freunde des Ijob, die auch auf die Größe Gottes und die Kleinheit des Menschen hinweisen. Warum gibt Ijob auf?

Eine mögliche Antwort liegt in einer Unterscheidung, die wir dem englischen Theologen und Kardinal John Henry Newman verdanken. Newman hat zwischen einem bloßen Begriff von Gott und einem echten Gottesbild unterschieden. Einen bloßen Begriff von Gott haben diejenigen, die nur Sätze über Gott hersagen können; diejenigen, für die Gott ein Begriff ist wie der Begriff „Gerechtigkeit"; diejenigen, die Gott als ferne, weite und dementsprechend auch nicht weiter für das Leben wichtige Größe ansehen. Der große Unterschied zwischen den Reden der drei Freunde des Ijob und den Worten, mit denen Gott dann selbst zu Ijob spricht, liegt wohl auch darin, dass Ijob in letzteren eine Gottesbegegnung hatte, eine Begegnung mit dem lebendigen und kraftvollen und personalen Gott. Und diese Begegnung vermittelt eine tiefe Einsicht, die über das verstandesmäßige Begreifen hinausgeht.

Hier kommt noch etwas dazu: Gott sagt nach Seiner Rede und der Reaktion Ijobs, dass Sein Zorn gegen die Freunde des Ijob entbrannt sei (Ijob 42,7). Mehr noch: Ijob solle Fürbitte für seine Freunde einlegen. Auch das irritiert. Was haben die drei Freunde falsch gemacht? Sie haben, so könnte man vielleicht sagen, alles richtig gemacht, wie es die Tradition vorschreibt, und auch die rechten Worte gefunden. Aber klangen diese Worte nicht ein wenig papieren, dürr und gleichsam „aus Büchern gelernt"? Liegt der Schlüssel zum Zorn Gottes über die Freunde des Ijob darin, dass sie mittelmäßige Sünder waren, die Gott nicht als persönlichen und lebendigen Gott, sondern, um noch einmal mit Kardinal Newman zu sprechen, als „bloßen Begriff" verstanden haben?

Gott lässt mit sich rechten, wie es Ijob getan hat; Gott macht Ijob keinen Vorwurf, obwohl Ijob starke Worte gegen Gott findet. Gott freut sich über reuige Sünder, die umkehren; Er bittet uns, Ihn als persönliches, kraftvolles Gegenüber anzuerkennen und zu erfahren; Er lädt zu einem Leben ein, das alles andere ist als: lauwarm und mittelmäßig. Und das wollen wir ernst nehmen und so wollen wir uns aufmachen.

Anfangen: Immer wieder neu

Mittelmäßige Sünder tun sich schwer damit, neu anzufangen. Ein verlorenes Schaf hat nach seiner Rückkehr einen Neuanfang vor sich, bei dem nichts mehr so ist, wie es vorher war. Das ist die Erfahrung von Menschen, die Bekehrungen erlebt haben: ein Saulus, der zum Paulus wird; ein Augustinus, der seine wissenschaftliche Karriere aufgibt; ein André Frossard, der als atheistischer Journalist in einer französischen Kirche eine mystische Erfahrung macht und zum Christentum findet; ein George Ritchie, der als zwanzigjähriger amerikanischer Soldat eine Nahtoderfahrung macht, dabei eine Christusbegegnung hat und sein ganzes Leben umkehrt. Verlorene Schafe haben durch die Freude des Neuen auch die Kraft, neu anzufangen. Da tun wir mittelmäßige Sünder uns vielleicht schwerer. Jedes Jahr zur Fastenzeit sind wir aufgerufen, an einem Neuanfang zu arbeiten.

Dieser Aufruf steht ganz am Anfang des Markusevangeliums. Zuerst wird die Mahnung zur Umkehr Johannes dem Täufer in den Mund gelegt, dann spricht Jesus selbst: „Kehrt um und glaubt an das Evangelium!“ (Mk 1,15) Das klingt wohlbekannt und harmlos, meint aber etwas Einschneidendes und Tiefes: Fangt neu an! Seid euch dessen bewusst, dass ihr neu anfangen müsst! Wir reden hier nicht von einer kleinen Kurskorrektur, sondern tatsächlich von einem tief gehenden Neuanfang, von einer Umkehr. Und der Aufruf zur Umkehr besagt auch, dass wir bisher in die falsche Richtung geschaut haben, in die falsche Richtung gegangen sind – falsche Prioritäten gesetzt haben, vielleicht auch: falschen Göttern gefolgt sind. Der Aufruf zur Umkehr ist vor allem ein Aufruf zum Glauben: Würden wir von Herzen umkehren, so könnten wir zu einer echten, tiefen Form des Glaubens finden, die aus dem Vertrauen auf Gott schöpft.

Das Evangelium ruft uns zu einer Kultur der Selbsterneuerung auf; zu einer Kultur des Neuanfangens. Ein Mensch der Selbsterneuerung ist ein Mensch, der die Gabe hat, immer wieder neu anzufangen. Dafür eignet sich die Fastenzeit in einer besonderen Weise mit ihrer Rede von „Wüste" und „Umkehr". Jedem Anfang liegt ein Zauber inne. Dieser Zauber liegt in dem Abenteuer, das ein Anfang birgt; am Anfang eines Weges wissen wir noch nicht, wie die Reise verlaufen wird; wir wissen nicht, was sich hinter der nächsten Kurve verbirgt, auf welche Hindernisse wir stoßen werden; jede noch so gut geplante Reise kann Widrigkeiten mit sich bringen oder auch Überraschungen, wunderbare Erlebnisse, mit denen wir nicht gerechnet hätten. Der Zauber des Anfangs liegt auch in einer gewissen Unschuld, die der Routine und der Abgeklärtheit entgegensteht. Eine Spiritualität des Anfangs wehrt sich gegen die Abstumpfung des Geistes, die es leicht an Achtung vor dem Leben fehlen lässt. Die Begeisterungsfähigkeit von Kindern, das Feuer, das in ihnen entzündet werden kann, wenn sie Neuland betreten können, diese Begeisterungsfähigkeit sollten wir uns für das Leben bewahren, das in seiner Weite und Tiefe auch ein Abenteuer ist. Vielleicht ist das ein Aspekt des Jesuswortes, dass wir werden sollen wie die Kinder, wenn es um das Reich Gottes geht (Mt 18,3).

Die Kunst, neu zu beginnen, ist jenen Menschen eigen, die die Welt immer wieder mit neuen Augen sehen können. Es gibt sie, diese Menschen. Sie lesen gerne neue Bücher, sie denken gerne neue Gedanken, sie lernen gerne Menschen kennen, sie interessieren sich für Dinge, die nichts miteinander zu tun haben; sie sind dankbar dafür, etwas erfahren, erkennen, erleben, lesen zu können. Das Neuanfangen ist eine Kunst, die geübt und gepflegt werden will. Es ist eine gute Übung, am Anfang der Fastenzeit oder auch am Anfang des Advents den Entschluss zu fassen, die Welt mit neuen Augen zu sehen; auf das zu achten, was blüht und gedeiht, und nicht Stoff zum Klagen und Jammern zu suchen; die Heilige Schrift neu zu entdecken. Das Tiefe ist unausschöpfbar. Es ist tatsächlich so. Tiefe Texte, gar noch: heilige Texte sind unausschöpfbar. Wir können sie immer wieder lesen und immer wieder entdecken wir etwas Neues. Ein Beispiel: Wir haben das Leiden Jesu nach dem Johannesevangelium schon oft gehört; und doch finden wir, wenn wir aufmerksam zuhören, immer wieder etwas Neues: Wie oft von Angst die Rede ist im Zusammenhang mit dem Leiden; die Angst des Petrus, der sich nicht zu erkennen geben will; die Angst der Hohepriester vor Jesus; die Angst der Juden vor Unreinheit; die Angst des Pilatus, der verwirrt ist, aber seine Stellung behaupten möchte. Die Kunst, neu anzufangen, zeigt sich in der Kunst, sich überraschen zu lassen, auf Details zu achten, offen zu sein für das Unerwartete und Unerwartbare.

Ein Leben auf der Grundlage des Evangeliums ist ein Leben im Geiste der harten und anstrengenden Arbeit an einem selbst. Wenn wir einen charakterlichen Mangel haben, so tragen wir diesen Mangel immer mit uns mit; wo immer wir hingehen, unsere Trägheit oder unsere Gier, unsere Ichsucht und Selbstgefälligkeit, unsere Eitelkeit und Engstirnigkeit gehen mit. Es ist ein Wagnis, immer wieder neu anzufangen und nicht stehen zu bleiben. Mitunter ist es bequemer, mit den eigenen Schwächen zu leben, als an ihnen zu arbeiten. Aber die Aufforderung Jesu, an uns selbst zu arbeiten, ist unmissverständlich. Anders könnten wir das Wort von der inneren Gesinnung des Herzens („Wer eine Frau auch nur lüstern ansieht, hat in seinem Herzen schon Ehebruch mit ihr begangen“; Mt 5,27) und das Wort von der Vervollkommnung („Ihr sollt also vollkommen sein, wie es auch euer himmlischer Vater ist“; Mt 5,48) nicht verstehen.

Einen guten neuen Anfang setzen können wir nur dann, wenn wir uns auf das Neue freuen; wenn wir erfüllt sind von einem Brennen auf das hin, was kommt. Es ist fast unmöglich, einen Neuanfang zu setzen, wenn wir noch am Alten festhalten. Ein Umzug kann nicht gelingen, wenn wir uns mit unserem Herzen nicht von der alten Wohnung lösen können; eine berufliche Neuorientierung wird erschwert, wenn wir immer an das, was war, zurückdenken. So verstehen wir auch das Wort: „Keiner, der die Hand an den Pflug gelegt hat und nochmals zurückblickt, taugt für das Reich Gottes“ (Lk 9,62). Jesus lädt uns zu einer unwiderruflichen

Entscheidung ein. Sein Leben und sein Handeln verlangen nach einer Stellungnahme, nach einer grundsätzlichen Entscheidung dafür, was wir mit unserem Leben machen wollen. Das ist eine Frage des brennenden Herzens – was bringt unser Herz zum Brennen?

Eindrücklich sehen wir dieses Brennen, die Notwendigkeit steter Umkehr und dieses Ringen um einen Neuanfang in der Gestalt des heiligen Petrus, wie sie uns in den Evangelien gezeigt wird. Petrus war, so dürfen wir uns das vorstellen, ein Mann mit Verantwortung, mit Haus und Familie und auch einer Schwiegermutter, die von Jesus bei der Gelegenheit eines Besuchs geheilt wird (Mt 8,14f). Petrus wird als Mensch gezeichnet, der die Initiative ergreift, auch etwas fordert und etwas wagt. Er verlangt von Jesus das Zeichen, auf dem Wasser zu gehen (Mt 14,28), er fragt Jesus um Erklärung einer schwierigen Lehre (Mt 15,15), er ergreift als Zeuge bei der Verklärung Jesu das Wort und bietet an, Hütten zu bauen (Mt 17,4). Petrus erkundigt sich nach der Pflicht zur Vergebung (Mt 18,21), Petrus will wissen, welchen Lohn er erwarten kann (Mt 19,27), Petrus bekennt Jesus als den Sohn Gottes (Mt 16,16) und will Jesus von seinem Leidensweg abbringen (Mt 16,22). Petrus ist derjenige, der die Fußwaschung verweigert, dann aber auch Hände und Haupt gewaschen haben möchte (Joh 13,9); Petrus schlägt dem Diener des Hohepriesters bei der Gefangennahme Jesu mit dem Schwert das Ohr ab (Joh 18,10). Petrus gibt das Ganze und verlangt das Ganze. Er sucht die Nähe Jesu, auch wenn er immer wieder getadelt wird. Er ist ungestüm, aber auch müde und feige: Er schläft ein, während Jesus in Todesangst betet (Mt 26,40), er folgt Jesus vorsichtig aus der Ferne nach und verleugnet ihn. Kein Zweifel: Petrus ist kein lauwarmer Mensch, er ist heiß vor Eifer und manchmal kalt vor Furcht, aber er ist nie konturenlos und profillos. Nach seinem Verrat weint er nicht einfach – er weint „bitterlich" (Mt 26,75). Er weint mit seinem Innersten. Petrus fühlt tief, brennt und ist begeistert. Es ist auffallend, dass Petrus die Sprecherrolle übernimmt, etwa auch in der Frage nach der Tempelsteuer (Mt 17,25).

Dass Petrus ein Mensch des Neubeginns ist, sehen wir in der Apostelgeschichte. Der Unterschied zu dem Petrus, den wir in den Evangelien antreffen, ist verblüffend. In der Apostelgeschichte finden wir einen reifen Petrus, der die Pfingstpredigt hält (Apg 2) und freimütig auftritt, der etwas sagen kann, was die Zuhörer „mitten ins Herz" trifft (Apg 2,37), der im Namen Jesu heilt (Apg 3) und auch deutlich macht, dass er nicht in eigenem Namen und aus eigener Kraft, sondern im Namen Jesu handelt (Apg 3,12). Petrus tadelt mit scharfen Worten Simon, der geistliche Kraft durch Geld kaufen will (Apg 8,20) – seine Worte haben eine ähnliche Schärfe wie die Worte Jesu, der ihn brüsk zurückgewiesen hat, als Petrus Jesu Leiden verhindern möchte (Mt 16,23). Hier sehen wir deutlich, wie sehr Petrus gewachsen ist – gerade dadurch, dass er die Nähe des lebendigen Gottes gesucht hat, die Quelle des Lebens. Er hat immer wieder neu angefangen, nach jedem Tadel, nach seinem Verrat, nach der Auferstehung des Herrn, nach der Himmelfahrt, nach dem Pfingstereignis, nach seiner Gefangennahme. Petrus lernt auch immer wieder dazu, etwa in seiner Vision von Reinheit und Unreinheit (Apg 10,9–23) und bringt das Gelernte in die kirchliche Gemeinde ein.

Petrus steht für die Kunst des Neuanfangens. Schon seine Berufung wird geschildert als ein Weggang ohne ein Zurückschauen (Mk 1,18). Petrus ist ein Mann des Neuanfangs, der sich von Jesus überraschen lässt – er ist überrascht und erschüttert ob des reichen Fischfangs, den ihnen Jesus nach einer langen Nacht beschert (Lk 5,8), und bekennt seine Sündhaftigkeit. Er lernt immer wieder etwas Neues über sich. So steht sein Leben auch für das Leben eines jeden Menschen, der einem Ruf folgt, sich auf die Suche macht, lernt und dazulernt, fällt und wieder aufsteht – und wachsen möchte. Entscheidend ist sicherlich, dass Petrus stets die Nähe Jesu gesucht hat und Jesus als Sohn des lebendigen Gottes erfahren hat. Das Geheimnis der Kunst des Neuanfangs besteht wohl darin: sich immer wieder von Gott überraschen zu lassen.

SUCHEN UND AUFSUCHEN

1. Inneres Wachstum

Bäume wachsen, Jahr für Jahr – solange sie Sonne und Erde, Wasser und Luft haben. Hier scheint es eine Regelmäßigkeit und einen Rhythmus zu geben. Auch wir sind aufgerufen, zu wachsen – geistlich, innerlich, persönlich. Dieses innere, geistliche und persönliche Wachstum geschieht nicht „von selbst"; es ist nicht so, dass wir mit jedem gewonnenen Lebensjahr automatisch an Reife zunehmen; es trifft nicht zu, dass wir aus jeder Begegnung oder auch aus jeder Leiderfahrung etwas lernen. Wir müssen auch den Willen haben zu wachsen – und an uns arbeiten.

Papst Benedikt XVI. hat in einer Botschaft beim weihnachtlichen Segen „Urbi et orbi" auf die Not unserer Zeit mit eindringlichen Worten hingewiesen. Er sagt: „Sicher, im Laufe des eben zu Ende gegangenen Jahrtausends, vor allem in den letzten Jahrhunderten, sind auf technischem und wissenschaftlichem Gebiet sehr viele Fortschritte gemacht worden, und wir können über umfangreiche materielle Möglichkeiten verfügen. Der Mensch des technologischen Zeitalters ist jedoch in Gefahr, Opfer eben dieser Erfolge seiner Intelligenz und der Ergebnisse seiner Handlungsfähigkeit zu sein, wenn er sich auf eine geistliche Atrophie, auf eine Leere des Herzens zubewegt." Eine geistliche Atrophie, das ist ein Mangel an innerem Wachstum, eine Verweigerung von innerem Wachstum. Dieses Wachstum kann – ein Gesetz des Lebens! – nur geschehen, wenn wir uns zurücknehmen, wenn wir kleiner werden, wenn das „Ich“, das ja ein Tyrann sein kann, das uns mit Empfindlichkeiten und Wünschen quälen mag, abnimmt. Wir müssen Gott Raum geben, damit Gott in uns wirken kann. Inneres Wachstum hat viel mit „Geschehenlassen“ zu tun, mit einem Sich-Ergeben in den Willen Gottes. Dazu bedarf es der Stille, die Gott Raum gibt, des ernsthaften Wunsches, dass Gott in uns wirken möge und Sein Wille geschehe, und – der Bereitschaft, am eigenen Wachstum zu arbeiten.

Inneres Wachstum braucht man sich weder als manipulierbares „Machen“ noch als automatische, mühelose Entwicklung vorzustellen – sondern als Arbeit an der eigenen Persönlichkeit; eine Arbeit, die mit der Entscheidung für jene Bindungen, von denen man bereit ist, sich formen und prägen zu lassen, zu tun hat. Hier geht es um die Bindung an Gott, die Bindung an die Kirche und die Gemeinschaft der Gottsuchenden, die Gemeinschaft der geliebten Menschen. Ganz offensichtlich ist die Unfähigkeit, Bindungen einzugehen, ein Hindernis auf dem Weg zum inneren Wachstum. Inneres Wachstum zeigt sich daran, dass man die Grenzen des Selbst erweitert, dass man nicht um sich selbst kreist, nicht hineingekrümmt ist in sich selbst. Inneres Wachstum ist gebunden an die Fähigkeit zur Liebe – an die Bereitschaft auch, sich von geliebten Menschen formen zu lassen und für geliebte Menschen zu wachsen. Eltern werden durch ihre Kinder, durch das tagtägliche Zusammenleben geformt und sie haben auch eine Verantwortung, die eigene Persönlichkeit zu entwickeln, weil sich inneres Wachstum gerade darin zeigt, andere wachsen sehen zu wollen.

Wir können viel über das innere Wachstum aus den *Bekenntnissen* des heiligen Augustinus lernen. In diesem Buch beschreibt Augustinus sein Leben, vor allem auch seine innere Entwicklung. Augustinus erinnert uns daran, dass wir den Blick nach innen brauchen, um zu wachsen; den sorgsamen Blick auf unsere inneren Regungen – das kann nur in der Stille geschehen. Es ist Zeichen von innerem Wachstum, wenn wir innerlich gesund werden. Eine Krankheit der Seele ist die Unruhe. Es ist Zeichen inneren Wachstums, wenn die Seele zur Ruhe kommen kann (*Bekenntnisse* VII, 8, 12). Diese Ruhe ist auch eine Form des Gesammeltseins, eine Form des Vertrauens auf Gott, der sammelt, was in uns zersplittert ist, der nichts von dem verliert, was unser ist (*Bekenntnisse* X, 40, 65).

Deutlich ist bei Augustinus der Zusammenhang zwischen innerem Wachstum und Einsicht in die eigene Sündhaftigkeit. Die Bekenntnisse des Augustinus illustrieren das berühmte Wort Chestertons: Ein Heiliger ist ein Sünder, der weiß, dass er ein Sünder ist. Je tiefer ich mich einlasse auf den Weg des inneren Wachstums, desto deutlicher sehe ich meine Fehler und Schwächen. Selbstgefälligkeit ist eines der größten Hindernisse auf dem Weg zum inneren Wachstum.

Das innere Wachstum kann man sich nach Augustinus als ein Freiwerden von Bindungen vorstellen, als ein schrittweises Übersteigen jenes Elends, das daher rührt, dass die Seele sich fesseln lässt (*Bekenntnisse* IV, 6, 11). Aus diesem Verstricktsein, das die Sicht auf die wahren Dinge behindert, löst sich der Mensch durch den steten Blick auf das Unvergängliche, dem gegenüber alle anderen Aspekte des menschlichen Lebens zurücktreten. Wir könnten sagen: Wenn man den Blick fest auf Christus richtet, dann relativieren sich viele der Schwierigkeiten, mit denen wir zu kämpfen haben; die Sorgen bekommen ihren rechten Platz und können uns nicht überwältigen. Das innere Wachstum zeigt sich auch in den Prioritäten, die wir setzen, in dem, was uns wichtig ist. Zeichen einer reifen und gewachsenen Seele sind Ruhe und Furchtlosigkeit (*Bekenntnisse* II, 10, 18).

Auch wenn inneres Wachstum vor allem von der Gnade Gottes abhängt, geht es doch auch um Entscheidungen, Gott Raum zu geben. Wenn man mit Augustinus das Gedächtnis als „Magen des Geistes" bezeichnet (*Bekenntnisse* X, 14, 21), so folgt daraus, dass es für das innere Wachstum entscheidend ist, welche geistige Nahrung man zu sich nimmt, welchen Eindrücken und Einflüssen man sich aussetzt. Das Innenleben eines Menschen wird geformt durch die äußeren Umstände, die sich in den Menschen einprägen. Die Macht, die äußere Umstände über das Innere eines Menschen entwickeln können, ist umso geringer, je gefestigter die Seele des Menschen hin auf das Wesentliche ist; eine beeinflussbare und in ihrem Blick auf Prioritäten noch nicht firme Seele kann leicht mit nebensächlichen, ja irreführenden Eindrücken angefüllt werden. So sind auch die geistigen Güter, die man verfolgt, die gelesenen Bücher, die geführten Gespräche, die gedachten Gedanken von Bedeutung, Einfluss und Gewicht. Der Blick auf sich selbst kann auch mutlos machen angesichts des Unrats, der sich in der eigenen Seele angehäuft hat. Diese Gefahr erkennt Augustinus in aller Klarheit und nennt die einzige Antwort, die das Christentum auf diese Sorge geben kann: das Vertrauen auf Christus, der für uns gestorben ist (*Bekenntnisse* X, 43, 70). Daraus strömen Furchtlosigkeit und innerer Friede als Zeichen von Wachstum und Reife.

Inneres Wachstum geht einher mit der Bereitschaft zur Selbsterneuerung, zur Arbeit an uns selbst. Das gilt für alle Menschen, ohne Ausnahme. Ganz am Anfang des Markusevangeliums findet sich diese Einladung zu Umkehr und Neuanfang. Die ersten Worte Jesu im Markusevangelium lauten: „Die Zeit ist erfüllt, das Reich Gottes ist nahe. Kehrt um, und glaubt an das Evangelium!" (Mk 1,15). Das griechische Wort „metanoia", das hier für „Umkehr" verwendet wird, meint: „Umkehr des Denkens, Umkehr des Geistes, Neuausrichtung der Orientierungen". Der Anfang der Selbsterneuerung ist das Denken, die Erneuerung der Gedanken (siehe Röm 12,2; Eph 4,23). Eine Erneuerung des Denkens hängt mit den Anstößen zusammen, die wir uns geben lassen – aus der Heiligen Schrift, aus Predigten und geistlicher Begleitung, aus Gesprächen und Büchern, aus Erlebnissen und Beichtgesprächen. Wir sind aufgerufen, reife Menschen zu werden (vgl. Eph 4,14–15, 1 Kor 14,20). Eitelkeit und ein Talent, sich rasch beleidigt zu fühlen, sind deutliche Zeichen für Unreife und damit für einen Mangel am Willen zur Selbsterneuerung. Verweigerung der Selbsterneuerung ist auch ein Zeichen für Sorglosigkeit im Umgang mit sich selbst – und damit eine Form von Lieblosigkeit. Inneres Wachstum und die Fähigkeit zu Liebe und Freundschaft hängen miteinander zusammen. Ein Mensch, der innerlich wächst und an sich arbeitet, ist auch zur Liebe befähigt, die ja auch in der Kunst besteht, jemanden zu überraschen und zum Wachstum eines anderen Menschen beizutragen.

Im Grunde sollen wir uns jeden Tag ein wenig einüben in die Kunst des Loslassens und der Gelassenheit. Dabei helfen vor allem Orte und Zeiten der Stille. Dabei hilft ein regelmäßiger Blick auf das eigene Leben (ein Tagesrückblick, ein Jahresrückblick). Dabei helfen Vorbilder und Beispiele auf dem Weg zum inneren Wachstum, eine Auseinandersetzung mit großen geistlichen Gestalten, wie Ignatius von Loyola, Theresa von Avila, Franz von Sales, Don Bosco, Dietrich Bonhoeffer, Mahatma Gandhi, Mutter Teresa.

Inneres Wachstum heißt für die meisten von uns: kleiner werden, damit nicht wir leben, sondern Christus in uns (Gal 2,19f). Auch für uns gilt das Wort: „Er muss wachsen, ich aber kleiner werden“ (Joh 3,30). Dieses Wachsen darf aber nicht zu einem Zwang führen, gleichsam zu Wettbewerben in geistlichem Hochleistungssport. Auch hier braucht es Gelassenheit im Umgang mit uns selbst, ein Vertrauen auf die Führung Gottes und die Kraft, uns selbst zu lieben. Für manche von uns, das soll nicht unerwähnt sein, ist es wichtig,

Selbstvertrauen zu entwickeln, sich nicht unterdrücken zu lassen, den Blick zu erheben und kraftvoll im Leben zu stehen. Letztlich geht es darum, christusähnlich zu werden – und den Mut zu haben, in aller Demut und in allem Dienst „Ich" zu sagen.

2. Die Suche nach einem geglückten Leben

Wenn wir an der Wiege eines Neugeborenen stehen und eingeladen sind, gute Wünsche hineinzulegen, dann werden wir vor allem die Bitte schenken, dass das Leben dieses Menschen glücken möge. Ein geglücktes Leben ist nicht mit einem erfolgreichen Leben gleichzusetzen und auch nicht mit einem leichten Leben. Astrid Lindgren, die berühmte schwedische Kinderbuchautorin, hat einmal geschrieben, dass das Leben von Menschen einem Kuchen gleicht, für den wir Zutaten sammeln, die wir zusammenrühren, dann in den Ofen stecken. Hier kann man in der Regel klar unterscheiden zwischen einem Kuchen, der gelungen ist, und einem Backwerk, das leider missglückte. Das Resultat ist mit allen Sinnen zu greifen, man kann sehen, tasten, riechen und schmecken, dass ein Kuchen geglückt ist.

Das Leben ist nun freilich etwas komplizierter als ein Kuchen, aber das Nachdenken über einen Kuchen gibt Anhaltspunkte. Wie beim Kuchenbacken, so geht es auch beim Leben um Vorbilder und Regeln, um Entscheidungen und Beratungen, um Planen und Inswerksetzen. Glück gehört neben dem guten Willen und der nötigen Anstrengung ebenso dazu wie ein Moment des Nichtplanbaren. Wir suchen nach dem geglückten Leben, nach einem Leben, das wir rechtfertigen und empfehlen können. Ein geglücktes Leben ist ein erfülltes Leben, das eine Richtung hat und Tiefe, Substanz und Gewicht. Das Leben eines engagierten und idealistischen Menschen kann erfüllt sein, ein Leben, das nicht einfach dahinströmt, sondern einen Weg mit einem Ziel darstellt, einen Weg, der nur wenig von Langeweile und innerer Leere kennt. Ein geglücktes Leben ist ein fruchtbares Leben, das über sich hinausgeht. Es ist das Zeichen eines reifen und dienenden Menschen, dass er anderen Menschen hilft, zu wachsen. Ein geglücktes Leben ist ein begnadetes Leben, in dem wir die Spuren der göttlichen Gegenwart finden, die uns mit Dankbarkeit erfüllen. So viel in unserem Leben verdanken wir nicht uns selbst. Ein geglücktes Leben ist auch ein gestaltetes Leben, in dem wir uns nicht treiben lassen, sondern Entscheidungen treffen und wirklich handeln.

Das Leben lässt sich nicht mit einfachen Rezepten leben. Wir fassen das Leben nur stückweise, sozusagen im Fragment. Wir müssen den Mut haben, das Unauflösbare und Unabschließbare zur Kenntnis zu nehmen, wir leben mit Rätseln und Mysterien, mit Geheimnissen und Dingen, die wir nur halb verstehen, wir leben mit Tragödien wie Welthunger und Krieg. Diese Tragödien zeigen uns auch, dass wir nicht „unschuldig" durchs Leben gehen können, nicht ohne uns „schmutzig" zu machen; diese Einsicht ist ein wichtiges Heilmittel gegen Selbstgefälligkeit. George Perec hat in seinem Roman *Leben. Eine Gebrauchsanweisung* das Leben mit einem Puzzle verglichen, bei dem wir Puzzleteil für Puzzleteil zusammentragen und zusammensetzen. Eine Erfahrung mag, für sich betrachtet, keinen Sinn ergeben, aber im Zusammenhang des Ganzen oder in einem größeren Rahmen erhält sie Bedeutung.

Die Kunst, neu anzufangen, hat immer auch mit der Kunst zu tun, auf das Ganze unseres Lebens zu blicken, die einzelnen Puzzleteile zusammenzusuchen und „stückweise“, Schritt für Schritt, Mosaikteil für Mosaikteil zu erahnen, worum es in unserem Leben, das ein je unverwechselbares und einzigartiges Leben ist, geht. Wichtig scheint in diesem Zusammenhang auch der „Respekt vor dem Mysterium“ zu sein; die Fähigkeit mit Dingen zu leben, die wir nicht verstehen können, die wir nur vertrauensvoll in die Hände Gottes legen können.

Wir können viel über die Suche nach einem geglückten Leben lernen, wenn wir uns die Gestalt des Juda ansehen. Juda ist ein Sohn des Jakob und ein Vorfahre Jesu, der in den Stammbäumen, wie sie in Mt 1 und Lk 3 zu finden sind, angeführt wird; er ist also von zentraler Bedeutung für die christliche Heilsgeschichte, aber auch – als Vorfahre des David – für die jüdische Tradition. Der Blick auf den Stammbaum Jesu lässt tief blicken, es ist bemerkenswert, wer hier angeführt ist, in welcher Linie die Heilsgeschichte verfolgt und erzählt wird. Ein Stammbaum gibt Auskunft über Herkunft, erzählt von Wurzeln und Zugehörigkeit, gibt Anhaltspunkte für Identität. Die Identität Jesu wird im Stammbaum mit der Gestalt des Juda verbunden. Spuren des Lebens von Juda sind zwischen dem Kapitel 29 und dem Kapitel 49 des Buches Genesis aufgezeichnet. Wir lernen über geschenktes Gelingen inmitten schicksalshafter Verstrickung. Sehen wir uns diese Geschichte in sieben Punkten an, sieben Punkte, die nicht nur Wichtiges über das Leben des Juda aussagen, sondern über menschliches Leben überhaupt:

- Wir alle sind Teil einer größeren Geschichte: Wir treten in unser Leben mit einem Rucksack ein, der uns auferlegt wird, mit der Bürde und Würde einer Geschichte, die ohne uns begonnen hat; Juda ist der vierte Sohn der Lea, die bekanntlich nicht die von Jakob auserwählte Frau war; sie wurde zurückgesetzt, als Antwort auf diese Zurücksetzung öffnete Gott ihren Mutterschoß und sie gebar dem Jakob sechs Söhne und eine Tochter; Juda („Dank" – Dank für die Zuwendung Gottes) steht an einer wenig auffallenden Position im Familiengefüge des Jakob, das zwölf Söhne (darunter zwei Söhne seiner Lieblingsfrau Rahel) und eine Tochter anführt. Mit diesen nicht gewählten Ausgangsbedingungen geht Juda durchs Leben – mit der Herausforderung, etwas daraus zu machen.
- Unser Schicksal ist mit dem Schicksal anderer verstrickt. Wir sind nicht allein und als Einzelne unterwegs zum Heil, sondern als Gemeinschaft. Unser Leben hängt mit dem Leben der anderen Menschen zusammen, wir bilden eine Schicksalsgemeinschaft. Juda ist Teil eines Familiengefüges und als sich – Gen 34 – seine Brüder Simeon und Levi schuldig machen und Blut auf sich häufen (weil sie ein sichemitisches Dorf niedermetzeln), ist auch die Geschichte des Juda berührt, der zwar nicht als Mittäter genannt wird, aber schicksalshaft mit seinen

Brüdern verbunden ist. Spuren aus dem Leben (aus dem Tun und Lassen) anderer prägen unser Leben und wir stehen vor der Herausforderung, damit zu leben.

- Unser Handeln hat vielfältige Konsequenzen: Juda ist derjenige (Gen 37,26), der seinen Brüdern den Vorschlag macht, ihren Bruder Josef nicht zu töten, sondern zu verkaufen; dieser Vorschlag wird angenommen und setzt eine Handlungslawine in Bewegung („hätte er diesen Vorschlag nicht gemacht, wäre Josef nicht nach Ägypten gezogen, dort zu Ehren gekommen, als Retter der Familie Jakobs vor der Hungersnot in Erscheinung getreten ...); wir hinterlassen mit unserem Leben Spuren, die weit über uns hinaus wirken. Wir können auch nicht immer wissen, was an guter Frucht aus unserem Leben wächst und was als Last weitergegeben wird. Juda rettet durch seinen Vorschlag seinem Bruder Josef zwar das Leben, vereitelt damit aber den Rettungsplan seines Bruders Ruben, der Josef befreien wollte. Wir müssen damit leben, dass die Saat, die wir aussäen, auf unterschiedlichen Boden fällt, und können nur daran arbeiten, alles nach bestem Wissen und Gewissen zu tun.
- Wir verstricken uns selbst durch schlechtes Tun: In Gen 38 wird das Schicksal von Juda geschildert: Er hat drei Söhne und eine Schwiegertochter Tamar; er weigert sich, diese nach dem Tod der beiden älteren Söhne dem dritten Sohn, wie es das Gesetz vorsieht, zur Frau zu geben, und macht sich damit schuldig.

Tamar hat damit nicht die notwendige Versorgung, sondern muss ins Haus ihres Vaters zurückkehren. Tamar verkleidet sich als Prostituierte, Juda geht zu ihr, lässt ihr ein Pfand zurück. Tamar wird schwanger und es ist Juda, der sich ereifert: „Führt sie hinaus! Sie soll verbrannt werden“ (Gen 38,24). Da gibt Tamar ihren Schwiegervater als Vater ihrer Zwillinge preis und Juda muss zugeben, dass sie ihm gegenüber im Recht ist. Keine Frage: Er hat sich schuldig gemacht, das Gesetz verletzt, unmoralisch gehandelt und dann selbstgefällig zur Hinrichtung Tamars aufgefordert. Keine Frage: Er zahlt einen Preis für sein Tun. Wir ernten, was wir säen, unser Handeln bringt Konsequenzen mit sich, die wir tragen müssen. Und doch hat Gott die Macht, Schicksale zu wenden, aus üblem Tun gute Früchte zu bringen – sowohl Tamar als auch ihre beiden Zwillinge, Söhne des Juda, werden namentlich im Stammbaum Jesu angeführt als Wegbereiter der Heilsgeschichte! (Mt 1,3)

- Inneres Wachstum: An zwei Stellen wird deutlich, dass Juda gewachsen und gereift ist. Das zeigt sich daran, dass er fähig wird zum Mitfühlen. Mitfühlen ist die Fähigkeit, die Grenzen des Selbst auszuweiten, über sich hinaus; in Gen 44 (Gen 44,18–34) bietet sich Juda als Ersatz für seinen Bruder Benjamin an, bereit, als Sklave zu dienen, damit dieser freikommt (hier wird der Bruder als Teil von sich selbst erlebt, anders als Juda in Gen 37 seinen Bruder Josef erlebte, den er zum Verkauf freigab); Juda ist also bereit, Schuld abzutragen, Konsequenzen seines Handelns auf sich zu nehmen, sich selber in den Dienst einer größeren Sache zu stellen. Das ist ein Zeichen von Wachstum und Reife. In Gen 46 (Gen 46,28) wird Juda zum Gesandten, der vor Jakob zu Josef nach Ägypten zieht, um die Begegnung zwischen Vater und dem verloren geglaubten Sohn vorzubereiten. Auch hier dient Juda einer Sache, die ihm ursprünglich ein Dorn im Auge war (die Liebe seines Vaters zu Josef); auch hier macht er sich kleiner, damit ein anderer größer werden kann. Er dient als Mittler, der Fragmente des Lebens (in diesem Fall das Leben des Jakob und das Leben des Josef) zusammenfügt und damit anderen Wachstum ermöglicht. Es ist Zeichen von Reife, anderen Wachstum zu ermöglichen.

- Ein geglücktes Leben ist ein gesegnetes Leben: In Gen 49 findet sich der Segen Jakobs für seine Söhne, ein Segen, der für Juda verheißungsvoll ausfällt („nie weicht von Juda das Zepter"), auch wenn die Vorgeschichte nicht geleugnet wird („Von Raub, mein Sohn, wurdest du groß"). Ein geglücktes Leben ist ein Leben, das gesegnet und begnadet ist und Segen bringt. Die Fähigkeit, Spuren im Leben zu hinterlassen, ist nicht nur unsere eigene Fähigkeit; „Segen" und „Gnade" sind Teil des menschlichen Lebens, damit es seine Wirkkraft entfaltet.
- Unser Leben hat eine Wirkungsgeschichte, die wir nicht abschätzen können: Im Neuen Testament ist im Hebräerbrief noch einmal die Rede von Juda

(Hebr 7,14). Es wird gesagt, dass Jesus als Nachkomme des Juda nicht aus einem Priestergeschlecht stammt; das macht gleichzeitig deutlich, dass damit ein neues Priestertum eingesetzt worden ist, neue Möglichkeiten, die ohne die Herkunftslinie von Juda her nicht bestanden haben: „Es ist ja bekannt, dass unser Herr dem Stamm Juda entsprossen ist, und diesem hat Mose keine Priestersatzungen gegeben." So kann man hier weitere Spuren des „beglückenden" und „heil-schenkenden Lebens" des Juda finden, das ein wichtiger Baustein der Heilsgeschichte geworden ist. Wenn wir dieses Vertrauen haben, dass unser Leben einen ganz wichtigen Platz im Heilsplan Gottes spielen soll und spielt, trotz unserer Unzulänglichkeiten und Schwächen – dann haben wir eine Grundlage für das Vertrauen, dass mit Gottes Hilfe auch unser Leben glücken kann; nach den Maßstäben Gottes und nicht nach den Maßstäben menschlichen Erfolgs.

3. Gedeihen trotz widriger Umstände

Die Kunst, neu zu beginnen, zeigt sich besonders dann, wenn wir hinfallen und wieder aufstehen müssen. Die Kraft, wieder aufzustehen oder Beschädigtes wieder aufzubauen, nennt man mitunter „Resilienz". Resilienz wird beschrieben als die Widerstandskraft und Wiederaufbaufähigkeit. Man kann darunter auch die Fähigkeit, unter widrigen Umständen zu gedeihen, verstehen. Es hat sich gezeigt, dass Menschen auf Schicksalsschläge ganz unterschiedlich reagieren. Es wurde in der Armutsforschung deutlich, dass Kinder aus armen Familien manchmal aus der Armut herauskommen und manchmal nicht – und dieser Frage „Warum schaffen es bestimmte Kinder und andere nicht?" ist man auch nachgegangen. Dabei haben sich vor allem drei Faktoren herauskristallisiert, die entscheidend dafür sind, dass Menschen unter widrigen Umständen gedeihen können:

Wir Menschen brauchen, um nach einem Sturz wieder aufzustehen, eine Gemeinschaft, ein soziales Netz, soziale Kompetenzen. Es hat sich gezeigt, dass Menschen, die Schwächen zugeben und Hilfe annehmen, wenn sie ihnen angeboten wird, stärkere Wiederaufbaukraft entwickeln können als Menschen, die den unverwundbaren starken Helden spielen müssen. Menschen, die auch in einer schwierigen Situation das Interesse an anderen Menschen und ihrer Umwelt nicht verloren haben, die sich nicht nur mit sich und den eigenen Schwierigkeiten beschäftigen, tun sich leichter, Widerstand gegen Widriges zu leisten, als Menschen, die um sich selbst kreisen. Die Kunst, neu zu beginnen, ist deswegen auch die Kunst, sich um andere Menschen zu bemühen, den Blick auf andere Menschen zu richten. Wir haben auch gesehen, dass es ein Zeichen von innerem Wachstum ist, die Grenzen des Selbst auszuweiten und den Blick auf andere hin zu richten.

Ein zweiter Faktor, der das Gedeihen trotz widriger Umstände möglich macht, ist ein Sinn für Kontrolle und Selbstkontrolle. Menschen, die die Kraft zur Selbstdisziplin haben, die an sich arbeiten können, Vorsätze verwirklichen und Versprechen halten können, haben gute Voraussetzungen für Resilienz. Wenn wir der Überzeugung sind, dass wir nicht einfach Opfer der Umstände sind, sondern auch in widrigen Umständen noch einen Handlungsspielraum haben, so ist das eine Voraussetzung dafür, dass wir einen Neuanfang setzen können. Hier sieht man auch, dass Selbstmitleid ein Hindernis auf dem Weg zur Wiederaufbaufähigkeit ist und dem eigenen Wachstum im Wege steht.

Drittens wird die Fähigkeit zu einem Neuanfang begünstigt durch einen Richtungssinn, einen Sinn für die Richtung, die der Lebensweg nehmen soll, einen Sinn für die Ziele, die wir uns setzen, einen Sinn dafür, worum es im Leben eigentlich geht. Wenn ich weiß, was im Leben zählt, worauf es ankommt und was wichtig ist, dann kann ich einen Schicksalsschlag leichter einordnen, als wenn ich bei der Suche nach Sinn, Ziel und

Richtung im Dunklen tappe. Wenn ich eine Vorstellung von Zukunft habe, eine Vorstellung von dem, was ich bin und was ich sein möchte, dann begünstigt das die Ausbildung von Resilienz. Wenn wir unser Leben als eine Reise hin zu Gott sehen, dann gibt das unserem Leben Richtung, Sinn, Halt und Kraft – die Kraft, neu anzufangen.

Beeindruckende Beispiele für diese Fähigkeit zum Neuanfang finden wir im Leben von Mahatma Gandhi. Gandhi hat in seiner Autobiographie von der Notwendigkeit gesprochen, einen „sense of direction" auszubilden, einen Richtungssinn; er hat uns daran erinnert, dass ein religiöser Mensch sein Leben als Teil eines größeren Ganzen wahrnimmt, was uns einerseits demütig macht, uns aber andererseits Kraft gibt. Diese Kraft zum Neuanfang finden wir in Maximilian Kolbe, der im Vertrauen auf die Gottesmutter immer wieder neu begonnen hat und auch im Konzentrationslager den Blick für andere Menschen nicht verloren hat. Diese Kraft sehen wir auch bei Dietrich Bonhoeffer, der im Gefängnis seinen Lebensplan neu schreiben musste, auch unter diesen Umständen das Interesse an seiner Umwelt und am Leben seiner Angehörigen nicht verloren hat und in seinen Briefen aus dem Gefängnis nicht nur von sich gesprochen hat. Ein Leben mit Gott erfüllt uns mit dem Blick für andere, dem Sinn für Selbstdisziplin und Lebensgestaltung, mit einem Sinn für Richtung und Ziel – und gibt uns von daher auch die Kraft zu einem Neuanfang, die Kraft für ein Gedeihen unter widrigen Umständen.

Diese Kraft sehen wir in einer Gestalt des Alten Testaments, in der Moabiterin Rut. In ihrer Geschichte zeigt sich vor allem auch, dass die Liebe die Quelle für die Kraft zu einem Neuanfang ist. Im gleichnamigen biblischen Buch wird Rut Schwiegertochter einer Familie aus Betlehem. Die Familie, die wegen einer Hungersnot ins Moabiterland ausgewandert ist, hat zwei Söhne, die ebenso wie der Vater sterben. Rut und ihre Schwägerin Orpa bleiben mit ihrer Schwiegermutter Noomi zurück. Noomi schickt ihre Schwiegertöchter zurück zu ihren Ursprungsfamilien, weil sie nach Betlehem zurückkehren möchte. Rut bleibt aber bei ihr und wagt mit Noomi den Neuanfang in dem für Rut fremden Land. Bereits aus dem Umstand, dass die Moabiterin Rut einen Mann aus Betlehem nimmt, zeigt die Kraft der Liebe. Die Liebe gibt die Kraft, über Grenzen hinweg, jenseits des Vertrauten und Bekannten einen Neuanfang zu setzen. Wer ein Warum zu leben hat, wer weiß, wem ein Tun und Sorgen gilt, der erträgt nach einem Wort Friedrich Nietzsches fast jedes Wie. Die Liebe zu ihrer Schwiegermutter schenkt Rut die Kraft zu einem Neuanfang in einem fremden, fernen Land.

In diesem Zusammenhang fällt der wohl berühmteste Satz des Buches Rut, ein Satz, den sie zu Noomi sagt: „Wohin du gehst, dahin gehe auch ich, und wo du bleibst, da bleibe auch ich. Dein Volk ist mein Volk, und dein Gott ist mein Gott“ (Rut 1,16). Hier zeigt sich die Kraft der Liebe, die einen Neuanfang möglich macht. Wir dürfen uns diesen Neuanfang nach dem Buch Rut nicht erfreulich und leicht vorstellen. Noomi hat in einem fremden Land ihren Mann und ihre Söhne verloren, kommt mit leeren Händen heim und will von nun an nicht mehr „die Liebliche“ (Noomi), sondern „die Bittere“ (Mara) genannt werden. Sie ist traurig und hadert mit Gott. Die Liebe lässt Rut diesen Neuanfang mittragen. Dann sehen wir, wie die Liebe die Kraft zum Tun gibt, die einen Neuanfang, ein Fußfassen in Betlehem, vorbereitet.

Rut ist aktiv, ergreift die Initiative, bleibt nicht zuhause sitzen, sieht sich nicht als Opfer widriger Umstände, sondern handelt. „Eines Tages sagte die Moabiterin Rut“, so lesen wir, „zu Noomi: Ich möchte aufs Feld gehen und Ähren lesen, wo es mir jemand erlaubt“ (Rut 2,2). Sie will zu einer Verbesserung des Einkommens beitragen, sie will das Leben gestalten. Und dann zeigt sich durch das Handeln ein Gesetz des Lebens: Die Liebe erzeugt Achtung vor den Werken der Liebe und bringt auf diese Weise Frucht. Es bleibt nicht ohne Folgen, wenn Menschen einen Neuanfang wagen und die Kraft der Liebe in diesem Anfangen sichtbar wird. Rut sammelt fleißig die Ähren ein, gönnt sich kaum Ruhe und arbeitet für den Lebensunterhalt ihrer Schwiegermutter: Sie fällt Boas, dem Besitzer des Feldes auf, und er nimmt sie unter seinen Schutz. Rut hat mit Liebe, Aufrichtigkeit und Fleiß einen Neuanfang gesetzt, ohne Tücken und Schliche – und dieses Werk der Liebe bringt Frucht.

Wir sehen auch, dass Rut bei der Gestaltung des Neuanfangs in Betlehem den Rat ihrer Schwiegermutter sehr ernst nimmt, sich an die Ordnung hält, die sie vorfindet. Die Kunst, neu zu beginnen, besteht gerade nicht darin, jede bestehende Ordnung außer Kraft zu setzen, sondern Achtung und Anerkennung gegenüber dem Rahmen zu haben, in dem sich unser Leben entfaltet. Das hat mit der angesprochenen sozialen Kompetenz, dem Sinn für die Gemeinschaft mit ihrer Ordnung, zu tun. Ignatius von Loyola hat darauf hingewiesen, dass eine gute Entscheidung „verwurzelt" sein muss, eingebettet in das Ganze des bisherigen Lebenszusammenhangs. Es ist unrealistisch zu glauben, dass wir einen radikalen Neuanfang setzen können, der unser ganzes bisheriges Leben für null und nichtig erklärt. Rut ordnet sich in den Lebenszusammenhang der Kultur ein, gehorcht ihrer Schwiegermutter (Rut 3,5) und findet wiederum das Wohlwollen des Boas, der sie an ihrem früheren Tun misst: „Jeder in diesen Mauern weiß, dass du eine tüchtige Frau bist" (Rut 3,12). Ein Neuanfang hat also auch mit Respekt vor dem größeren Rahmen und einem Zusammenhang mit der eigenen Geschichte zu tun.

Ruts Kraft zum Neuanfang zeigt sich schließlich auch darin, dass sie Gemeinschaft schafft – Rut und Boas heiraten, Rut gebiert ein Kind, das ihrer Schwiegermutter Glück schenkt (Rut 4,16). Die Kraft zu einem Neuanfang wird genährt von einer Gemeinschaft und führt zur Gemeinschaft. So können wir auch auf diesem Hintergrund verstehen, was der Jesuitengeneral Pedro Arrupe seinerzeit gemeint hatte, als er davon sprach, dass es bei der Erziehung darauf ankomme, „Menschen für andere" heranzubilden.

4. Lebensquellen: Woraus wir schöpfen

Wir suchen immer wieder nach Oasen in der Wüste des Alltags (oder auch nach Wüstenerfahrungen, wenn unser Leben zu sehr einer Oase des Wohlbehagens gleicht). Wir suchen nach Quellen, aus denen wir schöpfen können. Das Bild vom Brunnen, zu dem wir kommen können, um zu trinken, ist ein Bild mit tiefer Symbolik. Bernhard von Clairvaux erinnert uns, dass wir uns immer wieder erneuern müssen und dass wir zu dieser Erneuerung immer wieder zur Quelle gehen müssen – um aus der Quelle zu schöpfen. Es ist doch bemerkenswert, dass das deutsche Wort „schöpfen" auch mit „erschaffen" zusammenhängt. Durch den Gang zur Quelle schaffen wir uns neu, schaffen wir Neues in uns.

Begegnungen mit der Quelle und Begegnungen an der Quelle, wie sie in der Heiligen Schrift beschrieben sind, sind Sinnbilder für entscheidende Situationen des Lebens. Wir finden Jakob am Brunnen, als er die Herde seiner späteren Frau Rahel tränkt (Gen 29,10). Eine lebenswendende Begegnung findet an der Quelle statt, eine Begegnung, die die weitere Geschichte Jakobs prägen wird. Wir finden Mose an einem Brunnen, wo er auch die Töchter seines künftigen Schwiegervaters kennenlernt, da er ihnen beim Tränken der Herde hilft (Ex 2,15). Hier haben wir es mit einer mächtigen Symbolik zu tun. Die Verantwortung für eine Herde treibt die Menschen zum Brunnen – und dort finden sie einen Fremden, der Zuflucht sucht, rastet und wartet – und durch diese Begegnung wendet sich der Lauf der Dinge. Der Gang zur Quelle lässt Neues entstehen.

Die Quelle ist ein besonderer Ort: Ort der Rast, Ort des Wartens und der Erwartung, Ort der Stärkung und des Nährens, Ort der Sorge um das Wohlergehen. Mose wird zum Hirten seines Volkes gerade auch deswegen, weil er für das Volk Wasser aus dem Felsen schlägt und dem Volk zu trinken geben kann (Ex 17,6). Wer führen will, muss nähren können. Wer nährt, führt zusammen: „Alle tranken den gleichen gottgeschenkten Trank, denn sie tranken aus dem lebensspendenden Felsen, der mit ihnen zog. Und dieser Felsen war Christus" (1 Kor 10,4). Das ist die Quelle, die uns führen und nähren lässt und Gemeinschaft stiftet: Christus.

Im Johannesevangelium finden wir auch Jesus an einem Brunnen und auch hier ereignet sich eine folgenschwere Begegnung, die Begegnung mit der samaritischen Frau (Joh 4). Jesus rastet am Brunnen, bittet die Frau aus Samarien, ihm zu trinken zu geben – und durchbricht damit geltende Konvention. Die Frau, die zum Brunnen gekommen ist, hat Jesus gefunden, der ihr eine Quelle verspricht, die jeden Durst löscht – mehr noch, der ihr Wasser verspricht, das selbst zu einer Quelle werden kann: „Wer aber von dem Wasser trinkt, das ich ihm geben werde, wird niemals mehr Durst haben; vielmehr wird das Wasser, das ich ihm gebe, zur sprudelnden Quelle werden, deren Wasser ewiges Leben schenkt" (Joh 4,14). Was sagt Jesus also? Er sagt uns, dass wir die Quelle finden müssen, die nicht nur eine Zeit lang den Durst stillt, sondern auf Dauer – und die nicht nur unseren eigenen Durst stillt, sondern auch zur Quelle für andere werden kann.

Eben dies geschieht, wenn wir Gott als die Quelle allen Lebens aufsuchen. Gott wird in uns wohnen und aus dieser Kraft können wir Quelle von Kraft für andere werden, nicht aus eigener Kraft, sondern weil die Kraft Gottes in uns und durch uns wirkt. Es gibt ja Menschen, die uns in Erstaunen setzen durch die Lebenskraft, die sie haben – eine Kraft, die auch anderen Mut schenkt und Kraft gibt. Man kann hier an Don Bosco denken, der unermüdlich tätig war für seine Jugendlichen. Er war bekannt für seine unerschöpfliche Energie, die, so dürfen wir vertrauen, aus göttlichen Quellen genährt wurde. Er hat bis zu seinem Tod im Jahr 1888 Zehntausende Jugendliche aufgenommen und begleitet, ausgebildet und ermutigt und dabei die Verantwortung für dieses Werk getragen. Woher er die Kraft nahm? Aus der Freundschaft zu Gott, aus der „unione con Dio", aus dem Schöpfen aus der Quelle allen Lebens.

Wir brauchen Kraft für den Weg. Wir brauchen Quellen, die uns nähren, um unseren Lebensweg gehen zu können. Wir alle kennen Momente der Kraftlosigkeit und der Erschöpfung. Wir fühlen uns manchmal wie der Prophet Elija, der in der Wüste auf der Flucht seinen Lebensmut verloren hat. Er setzte sich, so lesen wir, unter einen Ginsterstrauch und wünschte sich den Tod (1 Kön 19,4). Und was geschah? Gott schickte ihm einen Engel, der ihm Brot und Wasser brachte und ihn zur Stärkung anhielt: „Steh auf und iss! Sonst ist der Weg zu weit für dich.“ In schweren Momenten müssen wir uns darauf verlassen, dass Gott uns nährt und stärkt. Wir müssen zur Quelle zurückkehren, um Kraft zum Weitergehen zu finden. Ganz ernsthaft müssen wir uns fragen – gerade auch, wenn wir einen Neuanfang in unserem Leben setzen wollen: Was stärkt uns?

Was sind die Quellen, aus denen wir schöpfen? Was gibt uns Kraft? Wenn wir müde und erschöpft sind, traurig und gebeugt – was richtet uns auf? Was kann uns stärken? Ist es ein Gespräch mit einem Freund? Ein freudig gefeierter Gottesdienst? Oder ein engagiertes Fußballspiel? Was bereitet uns Freude? Was berührt uns im Herzen? Was macht uns glücklich? Ist es das Lachen eines Kindes? Die Erfüllung eines Lebenstraumes? Oder einmal so richtig ausruhen zu können nach einer intensiven und anstrengenden Arbeitswoche? Ist es Glück, wenn in einer schwierigen Situation plötzlich eine helfende Hand auftaucht? Wenn Türen nicht verschlossen bleiben, sondern geöffnet werden?

Was macht Menschen glücklich? Eine Schülerin sagt, dass sie sich freut, wenn sie bei einer Schularbeit eine gute Note bekommt, wenn sie nette Menschen um sich hat und wenn die Sonne scheint. Von einem Vater ist zu hören, dass er glücklich ist, wenn alle in der Familie gesund sind. Er freut sich, wenn die schon erwachsenen Kinder nach Hause auf Besuch kommen. Ein Mann im besten Alter sagt, dass es für ihn Glück ist, dass er nach seiner schweren Krankheit wieder arbeiten gehen kann. Die frische Luft zum richtig Durchatmen tut ihm besonders gut, aber auch ein gutes Essen und vor allem viel Licht. Das macht ihn glücklich.

Das Glück ist eine eigenartige Sache. Es sind nicht immer die „großen Dinge" des Lebens, die für uns Menschen Glück bedeuten. Oft sind es die „kleinen Dinge", eine kleine Aufmerksamkeit, ein netter Gruß, ein paar freundliche Worte. In diesen „kleinen Dingen" können wir auch die großen Sehnsüchte des Lebens erkennen, nach Gesundheit, Frieden, Freiheit, Anerkennung und Liebe. Liebe ist die verbindende Kraft, die neues Leben hervorbringt, die Grenzen zum anderen hin überschreitet. Liebe steht im Zentrum der christlichen Botschaft: „Gott ist die Liebe" (im ersten Johannesbrief 4,16). Wir sind von Gott geliebte Töchter und Söhne und können mit ganzem Leib und mit ganzer Seele darauf vertrauen. So wie wir sind, sind wir angenommen, akzeptiert und von Gott geliebt. Glücklich sind wir, wenn es uns gelingt, dies in seinem ganzen Ausmaß zu erfassen. Der Pfarrer von Ars war bekannt dafür, dass er versucht hat, den Menschen die Größe und Tiefe dieser Botschaft nahezubringen. Können wir auch nur ansatzweise erahnen, was es bedeutet, „Kinder Gottes" sein zu dürfen?

Immer wieder ist es gut, innezuhalten auf unserem Weg – ein wenig auszuruhen und den Blick auf den Weg zu richten, den wir hinter uns gebracht haben, nach vorne zu schauen und uns auf die nächsten Schritte vorzubereiten. In schwierigen Momenten können wir uns immer wieder sagen: Eine schwere Zeit ist immer auch eine Vorbereitung auf den nächsten großen Schritt. Und wenn wir zur Ruhe kommen und innehalten, in Gott verweilen, dann bekommen wir auch die Kraft, weiterzugehen. Jesus selbst verspricht diese Rast: „Kommt alle zu mir, die ihr euch plagt und schwere Lasten zu tragen habt. Ich werde euch Ruhe verschaffen“ (Mt 11,28). Diese Ruhe hat Jesus, wie wir aus den Evangelien sehen können, auch seinen Jüngern geschenkt. Es war die Ruhe der Sicherheit, dass sie nun die Quelle allen Lebens gefunden haben; es war die Ruhe der Gewissheit, einen wichtigen Auftrag im Leben zu haben, es war die Ruhe einer Gemeinschaft, die zusammenhält und trägt durch eine gemeinsame Mitte; und es war die Ruhe der geteilten Stille: „Kommt mit an einen einsamen Ort, wo wir allein sind, und ruht ein wenig aus“, sagt Jesus zu den Seinen (Mk 6,31).

Diese tiefe Geborgenheit in der Liebe Gottes ermöglicht uns, dass wir uns selbst lieben können, so wie wir sind. Diese Liebe öffnet uns schließlich für unseren Nächsten. Sie engt uns nicht ein, sondern macht uns frei. Sie schafft neue Lebensmöglichkeiten für uns und für andere. Diese Liebe macht Beziehung möglich. Sie wird zur Nächstenliebe. Sie macht uns frei für das Glück, das darin besteht zu wissen: Es ist gut, dass wir auf dieser Erde sind. Es ist gut, dass wir da sind, weil wir einen Auftrag haben, einen Lebensauftrag, einen Platz in Gottes Vorsehung. Jeder und jede von uns. Und bei der Erfüllung dieses Auftrags sind wir nicht allein. Das ist Quelle von Kraft und Glück. Der Prophet Jesaja spricht vom Glück auf seine Weise: „Das Volk, das im

Dunkel lebt, sieht ein helles Licht, über denen, die im Land der Finsternis wohnen, strahlt ein Licht auf. Du erregst lauten Jubel und schenkst große Freude. Man freut sich in deiner Nähe, wie man sich freut bei der Ernte …" (Jes 9,1–2). Wenn wir zur Quelle kommen, haben wir auch das Licht gefunden, das jede Dunkelheit erhellt. Wenn wir es lernen, die Nähe Gottes immer zu suchen und uns in der Nähe Gottes geborgen zu fühlen – dann können wir uns freuen an Gottes Nähe und es wird auch so sein, dass wir diese Kraft weitergeben können.

5. Die Kraft des Betens

Die Sehnsucht nach der Gegenwart Gottes führt uns zum Beten. Beten ist Ausdruck einer Suche und einer Sehnsucht. Der große Theologe Romano Guardini hat in seiner *Vorschule des Betens* die Regelmäßigkeit als entscheidendes Moment des Gebets hervorgehoben. Es bedarf der Sammlung und der Anstrengung, der rechten Vorbereitung, um die Aufmerksamkeit auf Gott richten zu können. Rechtes Gebet ist Suche nach dem Willen Gottes – ohne Angst zu sagen: „Dein Wille geschehe“. Es ist eine gute Übung, daran zu arbeiten, dass wir aus immer festerer Überzeugung und immer tiefer sagen können: Lass durch uns und an uns Deinen Willen geschehen. Beten möge so natürlich für uns werden wie das Atmen und es hat auch viel mit dem Atmen zu tun – einatmen und ausatmen im Bewusstsein der Gegenwart Gottes wurde von vielen geistlichen Lehrern als Grundübung anempfohlen; still werden und den eigenen Atem spüren.

Beten kann als Stoßgebet und als ein Vaterunser im Bus oder in einem Wartezimmer oder in einer Warteschlange vor einer Kassa auch ohne Vorbereitung in jeder Situation stattfinden. Aber dieses Beten im Alltag, so wichtig es für das Glaubensleben ist, kann das gepflegte Beten, eine Kultur des Betens nicht ersetzen. Für eine Kultur des Betens sind Vorbereitung und Achtsamkeit erforderlich. Dazu bedarf es auch bestimmter Haltungen; Haltungen, die das Gebet vorbereiten, sind die Demut, das Vertrauen, die Einfachheit und die Ruhe. Demut ist die Bereitschaft, zuzuhören und von sich selbst loszulassen; Vertrauen ist Vertrautheit und Fraglosigkeit, Bereitschaft mit Unverstandenem und Geheimnisvollem zu leben, ist die Fähigkeit, sich der Führung Gottes anzuvertrauen und im Beten nicht eine fromme Übung zu sehen, sondern tatsächlich eine Begegnung mit dem persönlichen Gott. Die Haltung der Einfachheit ermahnt uns, das Beten nicht zu einem komplizierten Ablauf zu machen, den wir uns mühsam konstruieren müssten, zu einer Technik und einer Strategie.

Natürlich ist es wichtig, auch auf die äußeren Bedingungen zu achten, auf den Raum und die Zeit, auf einen Rhythmus, aber ähnlich wie bei einer Begegnung mit einem vertrauten Freund brauche ich nicht Angst zu haben, dass ich etwas falsch machen könnte. Wir wollen schließlich nicht ein Gebet, in dem es mehr um das Beten als um Gott selbst geht; wir wollen ein Gebet nicht verstehen als diplomatische Konferenz, bei der jedes Wort auf der Waagschale liegt, sondern als einfachen Ausdruck einer ernsthaften Suche, einer tiefen Sehnsucht. Wie ein Kind im Gebet zu sein, heißt wohl auch, selbstverständlich davon auszugehen, dass Gott hört und wirkt, zuhört und da ist.

Schließlich die Ruhe – Beten hat viel mit Stillwerden und Ruhe zu tun. Der Film *Die große Stille* zeigt mit behutsamen Bildern die Stille eines Kartäuserklosters, in dem Schweigen herrscht, in dem die Tage nach einem strengen Rhythmus dahinfließen. Allein das Betrachten dieses mehrstündigen Films hat etwas Beruhigendes an sich. In diesem Film wird auch das Gebetsleben der Mönche gezeigt. Auch das kann eine Vorbereitung auf eigenes Beten sein. Wenn wir still werden vor Gott, dann sehen wir, wie wir ruhig werden können, wie wohltuend die Stille sein kann. Denken wir an das schöne Wort aus dem Psalm 131: „Ich ließ meine Seele ruhig werden und still; wie ein kleines Kind bei der Mutter ist meine Seele still in mir" (Ps 131,2). Dann wissen wir, dass wir gar nichts tun müssen, um vor Gott da zu sein. Wir können einfach mit Gott da sein, uns in Gottes Gegenwart fühlen.

Der amerikanische Missionar Frank Laubach hat als einsamer Missionar auf einer philippinischen Insel in den 1930er Jahren den ernsthaften Versuch unternommen, sich stets in der Gegenwart Gottes zu fühlen, auch durch die Ablenkungen des Alltags hindurch. Er hat in seinen Briefen davon gesprochen, wie wichtig es sei, diese Haltung einzuüben, Tag für Tag, und auch darin zu wachsen. Der Jesuitengeneral Pedro Arrupe hatte nach einem Schlaganfall, der ihn abrupt aus seiner Führungsverantwortung riss und zu einem pflegebedürftigen Menschen machte, ein Gebet geschrieben: „Mehr denn je fühle ich mich in den Händen Gottes. Das habe ich immer gewollt, von Jugend an. Aber heute ist da ein Unterschied: Die Initiative lag allein bei Gott. Es ist wahrlich eine tiefe spirituelle Erfahrung, mich ganz in Gottes Händen zu wissen."

Das ist eine Form des Stillwerdens, der einfachen Ergebenheit, der inneren Ruhe. Und wenn wir innerlich ruhig werden, sehen wir, dass wir Zeit haben. Beten schafft uns innere Freiräume, schenkt uns: Zeit. Martin Luther soll einmal gesagt haben: Wenn ich besonders viel zu tun habe, bete ich zuerst eine halbe Stunde. Das ist eine tiefe Einsicht; ähnlich tief wie die Einsicht des amerikanischen Predigers Glenn Clark, der gemeint hat, dass wir uns zumindest eine Viertelstunde jeden Tag für das Beten nehmen sollten, weil wir in einer Zeit der vielen Ablenkungen diese Zeit brauchen, um auch wirklich in der Ruhe des Gebets anzukommen. Glenn Clark, der auch als Leichtathletikcoach gearbeitet hat, hat das Beten auch verglichen mit einer Übung, wie sie im Sport dazu dient, Muskeln zu trainieren. Wir müssen, so Clark, „den Gebetsmuskel" trainieren, wachsen in der Kraft des Betens – und das braucht Zeit und schenkt Zeit.

Wir haben Zeit. Nicht alle Zeit der Welt – das wissen wir allzu gut aus der Erfahrung und aus dem Terminkalender. Nein, wir haben viel mehr Zeit: alle Zeit des Himmels. Gottes Zeit. Zeit der Freiheit. Fastenzeit. Österliche Bußzeit. Auferstehungszeit. Oder auch: Adventszeit. Vorbereitungszeit. Weihnachtszeit, Feier der Menschwerdung und Nähe. Oder auch: Osterzeit, Beten um den Geist, Pfingstzeit. Wenn wir am Anfang eines Tages und am Ende eines Tages betend vor Gott treten, den Tag unter den Segen Gottes stellen, den Tag in Gottes Hände zurücklegen, dann fühlen wir, wie wir reich beschenkt werden mit Zeit und Ruhe. Denn gesegnete Zeit ist Zeit, die Frucht bringt. Darf hier leise daran erinnert werden, dass wir in vielen Fällen in einem Fünftel der Arbeitszeit vier Fünftel unserer Arbeitsleistung erbringen? Dies ist „kairos“, gesegnete Zeit. Und es ist befreiend, auch glauben zu können, dass Gott unser Werk segnet, wenn wir Ihn darum bitten. Es ist so befreiend, wenn wir glauben können, dass das Gebet nicht bloß eine „Wohltuübung“ ist, sozusagen ein Therapiemittel, das zu positivem Denken anregt, sondern vor allem und zuerst: die Sehnsucht nach einer innigen Beziehung zu Gott, der in unserem Leben wirkt, der fügt und leitet, gegenwärtig ist und Wirklichkeit.

Beten soll für uns so selbstverständlich sein wie das Atmen. In einem kleinen Büchlein, *Von der Not und dem Segen des Gebets*, hat der bedeutende Theologe Karl Rahner das Gebet beschrieben als ein Öffnen des Herzens auf Gott hin. Wir richten unseren Geist auf Gott. Und an der dafür notwendigen Konzentration müssen wir arbeiten – und mit Disziplin und Selbstdisziplin regelmäßig beten, auch durch die Wüste des Gebets hindurchgehen, durch die Wüste, in der wir nichts spüren und in der wir uns innerlich leer fühlen oder gar am Sinn des Gebets zweifeln. Wir dürfen sozusagen keine „Schlechtwetterbeter“ werden, die nur dann beten, wenn Not herrscht. Das Gebet ist Ausdruck der Liebe zu Gott und diese Liebe muss sich auch zu einer bestimmten Selbstlosigkeit aufschwingen, die nicht den eigenen Vorteil sucht, sondern Gott als das Gegenüber. Natürlich ist es gestattet, im Gebet um etwas zu bitten: Wir dürfen Gott alles sagen; aber: Das Bittgebet schöpft die Fülle dessen, was Beten meint, nicht aus.

Rahner beschreibt unser Ringen mit Gott, wenn wir in Not sind. Und das ist zulässig und erlaubt. Denken wir nur an das Ringen Abrahams mit Gott (Gen 18,20–33): Abraham versucht Gott davon zu überzeugen, dass er eine Stadt, über die Gott das Gericht verhängt hat, schonen möge, wenn sich Gerechte (Fünfzig? Fünfundvierzig? Vierzig? Dreißig? Zwanzig? Zehn!) in dieser Stadt finden. Gott lässt mit sich ringen. Oder denken wir an das Ringen von Maria, der Mutter Jesu, mit ihrem Sohn anlässlich der Hochzeit zu Kana. Maria bittet Jesus, zu helfen, und wird von ihrem Sohn zurückgewiesen. Das beeindruckt sie aber nicht im Geringsten und sie wendet sich – unmittelbar nach der Zurückweisung! – an die Diener, um ihnen (im Vertrauen darauf, dass Jesus nicht untätig bleibt) aufzutragen: „Was er euch sagt, das tut!" (Joh 2,5)

Gott lässt mit sich ringen. Jesus lässt sich von der kanaanäischen Frau umstimmen: Sie bittet Jesus um die Heilung ihrer Tochter, was ihr zunächst verweigert wird („Ich bin nur zu den verlorenen Schafen des Hauses Israel gesandt"; Mt 15,24); sie bleibt hartnäckig und findet auch ein kluges Argument (Mt 15,21–28). Kein Zweifel: Gott lässt mit sich ringen. Neben vielem anderen ist ein Gebet auch das: Ringen mit Gott.

Wer mit Gott ringt, verwandelt sich. In tiefer Symbolik ist dies im Ringen Jakobs mit Gott ausgedrückt (Gen 32,23–33): Jakob ist in der Nacht allein, er ringt mit einem Mann bis zur Morgenröte. Nach diesem Ringkampf wird Jakob an der Hüfte verletzt und hinkt von nun an, er ist also gezeichnet; und er erhält in dieser Situation einen neuen Namen („Nicht mehr Jakob wird man dich nennen, sondern Israel") und er wird gesegnet. Das Ringen mit Gott verwandelt uns, macht uns neu, überrascht uns, überwältigt uns vielleicht auch. Aber es ist eine Einladung, die tatsächlich an uns ergeht: Mit Gott zu ringen.

Natürlich lernen wir die tiefsten Lektionen über das Beten von Jesus selbst. Was lehren uns die Evangelien über das Beten Jesu? Es kann kein Zweifel darin bestehen, dass Jesus so gebetet hat, dass es Früchte brachte und ausstrahlte. Jesus betete und während er betete, wurde er verklärt, so lesen wir (Lk 9,29). Die Jünger sind beeindruckt von der Kraft des Betens von Jesus und bitten ihn: Herr, lehre uns beten (Lk 11,1).

Wir finden im Vaterunser, das Jesus den Jüngern schenkt („so sollt ihr beten!"), die Grundstruktur des Betens nach dem Beispiel Jesu: Wir richten unsere Aufmerksamkeit auf Gott und bitten Ihn, dass Sein Name geheiligt werde, Sein Reich komme, Sein Wille geschehe. Der deutsche Theologe Bernhard Häring, schwer von einer Krebserkrankung gezeichnet, hat einmal so schön gesagt: Es gibt keine größere Weise Gottes Namen zu heiligen als durch vollkommenes Gottvertrauen. Das Vaterunser ist dieses Gebet tiefsten Gottvertrauens. Und wenn wir beten, „Dein Name werde geheiligt", so schließt das natürlich Verpflichtungen für uns und unser Leben ein, das Bekenntnis zu einem echten Bemühen, auch um den Willen und das Reich Gottes. Erst nach dem Blick auf Gott und Seinen Willen richten wir den Blick auf unsere Bedürfnisse, auf unser tägliches Brot, auf unser Versagen, auf schwierige Lebenssituationen. All das können wir aus dem Vaterunser lernen.

Wir finden Jesus vor großen Entscheidungen im Gebet, in der Wüste als Vorbereitung auf sein öffentliches Wirken (Mt 4,1–2), in einer langen Nacht im Gebet mit Gott vor der Wahl der zwölf Apostel (Lk 6,12–13), in der Nacht, in der er verraten wurde auf dem Ölberg (Lk 22,39–46). Jesus lehrt uns also, vor großen Entscheidungen zu beten, und zeigt, dass die Wüste, die Nacht, die Einsamkeit Begleiter dieses Gebets sein können. Wir finden die Einladung, für andere zu beten, vor allem für unsere Feinde (Lk 6,28), für diejenigen, die uns Übles wollen und Schlechtes tun, die uns verfolgen mit ihren bösen Absichten (Mt 5,44). Auch das ist eine große Herausforderung für unser Gebetsleben – bewusst Raum zu geben für das Fürbittgebet für die Menschen, die uns schaden und schaden wollen. Jesus betet ja auch für seine Peiniger: Vater, vergib ihnen, denn sie wissen nicht, was sie tun (Lk 23,34).

Jesus zeigt uns durch sein Beispiel, dass wir für andere beten sollen. So sagt er zu Petrus: Ich habe für dich gebetet, dass dein Glaube nicht erlischt (Lk 22,32) – das zeigt doch deutlich, dass wir eingeladen sind, für andere zu beten. Jesus lehrt uns weiters, mit einer Haltung des Vertrauens zu bitten (Mt 7,7–11), keinen Zweifel daran zu haben, dass Gott uns geben will. Um aber die Gaben Gottes empfangen zu können, müssen wir leer werden, müssen wir absehen von unseren zu klar definierten Wünschen. Jesus gewinnt Kraft aus seinem Gebet, weil er die Heilige Schrift auf sich selbst anwendet (Lk 4,21). Das soll auch für uns gelten: Die Worte der Heiligen Schrift sprechen von Wahrheiten, die auch für uns gelten; in den Psalmen erkennen wir unser eigenes Ringen mit Gott wieder, unser Flehen und unsere Dankbarkeit, den festen Willen, den Lebensweg mit Gott zu gehen.

Wenn wir die Worte der Heiligen Schrift nicht als frommes Märchen aus ferner Zeit ansehen, sondern als kraftvolles Wort erkennen, das auch für uns Wahrheit spricht, bis in den Alltag hinein, dann können wir die betende Suche nach der Nähe Gottes viel kraftvoller gestalten. Jesus zeigt uns auch, dass Jesus mit dem Gebet Gemeinschaft baut: Jesus betete in der Einsamkeit und die Jünger waren bei ihm, heißt es an einer Stelle (Lk 9,18). Durch das Gebet kommen Menschen zusammen. Mutter Teresa hat immer wieder gesagt, dass eine Familie, die betet, zusammenbleibt. Vielleicht können wir uns das ernsthaft für unser Familien- und Eheleben vornehmen: gemeinsam zu beten. Wir können Jesu Wort ernst nehmen, das uns zum gemeinschaftlichen und vertrauensvollen Gebet ermutigt: „Wo zwei oder drei in meinem Namen versammelt sind, da bin ich mitten unter ihnen“ (Mt 18,20).

Jesus lehrt uns, allezeit zu beten, im Gebet zu verharren und das Leben aus dieser Haltung des ständigen Verbundenseins mit Gott zu leben. Anders kann man die Worte „Betet allezeit“ (Lk 18,1; Lk 21,36) nicht verstehen. Auch wenn wir Jesus an bestimmten Orten und Zeiten im Gebet finden – und diese regelmäßigen Zeiten und Orte sind unverzichtbar! –, so können wir doch Gebet in unserem Leben nicht einfach auf besondere Momente reduzieren. Beten soll alltäglich werden, im besten Sinn des Wortes. Der betende Mensch lebt sein Leben aus einer Haltung heraus, die sich der Gegenwart Gottes bewusst ist. Jesus teilt das Alltagsleben betend mit Gott: Er dankt für das Brot und die Fische (Mt 14,19), er spricht das Dankgebet beim letzten Abendmahl (Mt 26,26–27), beim Brotteilen in Emmaus (Lk 24,30). Der Kern des Betens Jesu ist das vertraute Verhältnis, die innige Beziehung zu Gott, den er „Abba", „Vater" nennt. Jesus lädt zu dieser Vertrautheit ein; er lädt dazu ein, „anzubeten, was wir kennen" (Joh 4,22). Aus dieser Vertrautheit mit Gott sind wir erfüllt mit dem Heiligen Geist, aus dem heraus wir unser Leben gestalten. Eine Frucht des Heiligen Geistes ist die Freude (Lk 10,21). Es ist kein Zeichen ernsthaften Betens, wenn wir plappern (Lk 20,47) und viele Worte machen, wenn wir missmutig werden oder gar stolz. Das Gebet des sündhaften Zöllners war Gott wohlgefälliger als die geschliffene Rede des Pharisäers (Lk 18,9–14).

Beten ist eine Übung im vertrauensvollen Loslassen. Wie wohltuend es doch ist, das eigene Leben in Gottes Hände zu legen und tatsächlich das Sorgen Gott zu überlassen! Und wenn es uns gelingt, unser Leben in Gottes Hände zu legen, dann kann das Leben zu einem Abenteuer werden, zur Frage: Womit überrascht mich Gott heute? Wie zeigt sich der Wille Gottes heute in meinem Leben? – ähnlich wie das Leben eines Menschen aufregend werden kann, wenn sich dieser Mensch verliebt und Spuren dieser Liebe in seinem ganzen Leben findet. Aus der Kraft der Liebe kommt die Kraft des Betens. Und: Aus der Kraft des Betens kommt die Liebe.

BRECHEN UND DURCHBRECHEN

6. Brechen und Durchbrechen

Immer wieder zeigen sich in unserem Leben Brüche – Momente, die ein Weitergehen in eine bestimmte, bereits eingeschlagene Richtung unmöglich machen. Solche Brüche können zu Aufbrüchen werden, zu einem Neubeginn führen. Ein Neubeginn trägt den Zauber eines Anfangs und den Schmerz eines Abschieds in sich.

Wir könnten die Tiefe und Schönheit der Liebe, die verwundbar macht und ihren Preis hat, aber gerade auch deswegen dem menschlichen Leben einen Sinn gibt, mit dem Begriff des Durchbrechens näher bestimmen. Wenn wir einen Menschen lieben, so heißt das auch, dass wir uns von dem geliebten Menschen durchbrechen lassen, in unseren Lebensplänen, in der Art, wie wir unsere Zeit verbringen, in unseren Prioritäten. Einen Menschen zu lieben heißt, mit diesem Menschen einen Neubeginn zu wagen. Wenn wir Gott lieben – als ein persönliches Gegenüber, als einen lebendigen Begleiter, nicht als einen großen Stein im Weltall oder als einen abstrakten Begriff –, dann lassen wir uns immer wieder durch Gottes Ansprüche und Anfragen durchbrechen; wir finden immer wieder in der Heiligen Schrift, dass Gott durch die Durchbrechung zu uns Menschen spricht. Jede Berufungsgeschichte erzählt von einer Durchbrechung.

Denken wir nur an das denkwürdige Damaskuserlebnis von Paulus. Eine Schilderung dieses Erlebnisses finden wir im Neuen Testament in der Apostelgeschichte an drei Stellen (Apg 9,1–22; Apg 22,4–21; Apg

26,12–18). Gott hat die Pläne des Saulus, der dabei war, Christinnen und Christen zu verfolgen, durchkreuzt. Saulus hat eine feste Absicht und feste Überzeugungen (Apg 9,1). Er weiß, was er will. Er weiß, wer er ist, er ist in seinem Glauben gefestigt und hat sich sein Vorhaben der Christenverfolgung noch durch einen Brief vom Hohepriester absegnen lassen (Apg 9,2). Er sitzt also sicher im Sattel. In der Kunst wird Paulus ja auch gerne auf einem Reittier dargestellt, von dem er durch die Kraft der Vision heruntergestürzt wird. Die Durchbrechung seines Planes ereilt Saulus „unterwegs" (Apg 9,3). Unterwegs, das heißt, er befindet sich auf der Reise, in einem Zwischenzustand zwischen dem Ausgangspunkt der Reise und dem Ziel. Saulus begegnet dem Unerwarteten „um die Mittagszeit" (Apg 22,6), in der Mitte des Tages, mitten im Leben sozusagen.

Gott spricht die Sprache der Überraschung, des Unerwarteten. Haben wir uns das schon einmal überlegt? Einen Menschen zu lieben heißt ja auch, diesen Menschen zu überraschen; von Gott geliebt zu werden heißt ja auch, von Gott überrascht zu werden. Gott überrascht Saulus in einer Art und Weise, die uns zu denken gibt: Saulus nähert sich bereits Damaskus, als seine Pläne durchkreuzt werden, er ist seinem Ziel also schon sehr nahe (Apg 9,3). Er ist in der Verwirklichung seiner Pläne schon weit gekommen, das macht die Durchbrechung umso schmerzhafter. Denn je näher wir dem Ziel sind, das wir uns vorgenommen haben, desto schwerer fällt es uns, von diesem Ziel abzulassen, scheint es doch zum Greifen nahe, haben wir doch schon viele Anstrengungen und Mühen investiert, hat sich das Ziel doch als realisierbar erwiesen, so scheint es. Es ist bemerkenswert, dass Saulus nicht kurz nach seinem Aufbruch gestoppt wird, sondern erst, als er schon ein gutes Stück Weg zurückgelegt hat, sich schon in der Nähe seines Ziels Damaskus befindet. Saulus wird „plötzlich" zum Stehen gebracht (Apg 9,3). Es geschieht ohne Ankündigung, es geschieht mit Wucht. Saulus hat sich auf die Erfahrung, die nun folgt, nicht vorbereitet und auch nicht vorbereiten können. Es ist unerwartet. Saulus wird von einem Licht vom Himmel umstrahlt (Apg 9,4). Er wird, so könnte man sagen, von einer Einsicht getroffen, einer Einsicht, die ihn nicht mehr weitergehen lässt. Er stürzt zu Boden (Apg 9,4) – nach einer anderen Version fallen auch die Begleiter des Saulus zu Boden (Apg 26,14).

Saulus wird vom hohen Ross gestürzt, er wird aus dem Sattel gehoben, büßt die Sicherheiten und damit auch seine Selbstsicherheit ein. Gott durchbricht unsere Selbstgefälligkeit – und je größer diese Fettschicht der Selbstzufriedenheit, desto deutlicher muss die Sprache Gottes sein, die unter die Haut geht. Lieben hat mit Durchbrechen zu tun. Es ist wohl dieser Gedanke, der immer wieder dazu verleitet hat, menschliches Leiden und Liebe Gottes zusammenzubringen. Unbestreitbar ist jedenfalls, dass eine der stärksten Erfahrungen von Durchbrechung, die wir in unserem Leben machen können, das Leiden ist, der Schmerz, die Krankheit.

Der englische Schriftsteller und berühmte Verteidiger des Christentums C. S. Lewis hat seinerzeit vom Schmerz als dem Megaphon Gottes in einer tauben Welt gesprochen. An dieser Aussage ist etwas Tiefsinniges, aber auch etwas Gefährliches. Gott spricht die Sprache des Unerwarteten und Überraschenden, die Sprache der Durchbrechung. Das soll aber nicht heißen, dass jede Durchbrechung von Gott kommt. Aber wenn wir Durchbrechungen erleiden, sind wir eingeladen und angewiesen, diese Erfahrungen in Gottes Hände zu legen.

Was bedeutet es, zu leiden? Wir können an ein Kind denken, das sich in seiner Schulklasse nicht wohl fühlt, oder an einen Menschen, der seinen Arbeitsplatz verloren hat; wir können uns Eltern vorstellen, die um ihr schwerkrankes Kind bangen, oder eine Frau, die erfahren hat, dass sie einen Tumor in sich trägt – das Leiden zeigt sich in vielen Formen: Ein Mensch, der einsam ist, leidet; ein Mensch, der Migräne hat, leidet; ein Mensch, der einen schweren Unfall verschuldet hat, leidet; ein Mensch, dem Unrecht getan wird, leidet. Menschen, die ständig unter Druck stehen, leiden. Menschen verändern sich im Leiden, bekommen ein neues Gesicht. Und jedes Leiden hat seine eigene Geschichte und seine eigene Kraft.

Das Leiden hat viele Gesichter, ein persönliches Gesicht, ein politisches Gesicht. Denken wir nur an das Jahr 2005. Dieses Jahr war ein Jahr der Erschütterungen, ein Jahr der Katastrophen, beginnend mit der Tsunami-Katastrophe in Südostasien, die eine unglaubliche Verwüstung anrichtete und zugleich mehr als 300.000 Tote gefordert hat. Erschreckend sind immer noch die Zustände im Kriegsland Sudan mit seinen 2 Millionen Flüchtlingen und mehr als 70.000 Toten. Erschütternd die Bombenanschläge in London, die Hurrikan-Verwüstungen in den USA, in der Karibik und in Mittelamerika, bedrückend das Erdbeben in Pakistan mit 87.000 Toten, bedrohlich die schlimmen Auswüchse des Terrorismus, die systematische Unsicherheit und eine Kampfansage gleichsam für die ganze Menschheit bedeuten. Nicht zu vergessen die Überschwemmungen in unserem eigenen Land Salzburg, etwa im Pinzgau. Hier sind viele persönliche Leidensgeschichten verwoben mit politischen Strukturen.

Wo war Gott, als er nicht da war? So fragen sich viele. Nur eine geeinte Menschheit wird die vielen Besorgnis erregenden aktuellen Probleme in unserer Welt in Angriff nehmen können: von der terroristischen Bedrohung bis zu den Bedingungen beschämender Armut, unter denen Millionen von Menschen leben, von der Rüstungszunahme bis zu den Pandemien und der Umweltverschmutzung, die die Zukunft unseres Planeten bedrohen. Manches haben wir in der Hand, manches hängt wirklich von uns ab. Anderes können wir nicht lenken. Manches liegt begründet in der Endlichkeit, Gebrechlichkeit, Unvollkommenheit dieser unserer Welt. Was Gott zulässt, darüber zu urteilen, fehlt uns letztlich der Überblick, unser Verstand ist zu kurz. Die Erschütterungen dieser Erde und unseres Menschseins sind immer zugleich ein Anruf, alles, was in unseren Händen liegt, zu tun, andererseits ist es aber immer auch eine Anfrage, wie wir unser Leben gestalten, und ein Aufruf, es nach dem Wesentlichen auszurichten, damit es Bestand hat. So ist menschliches Dasein immer Kampf zwischen Leben und Tod, ein Mühen, das immer wieder durchbrochen wird und antworten muss auf das Unerwartete, dem wir ausgesetzt sind.

Das Leiden hat viele Gesichter. Das Eingeständnis der Vielfalt menschlichen Leidens ist gleichzeitig auch eine Einladung, jeden Fall als persönlichen Fall wahrzunehmen. In jeder Leidensgeschichte spiegeln sich Konturen der Lebensgeschichte eines Menschen wider. Leiden hat viele Gesichter – und jedes Gesicht hat eine eigene Macht. Es macht einen Unterschied, ob wir an uns selbst leiden (an den Konsequenzen eigenen Fehlverhaltens oder an Krankheit), ob wir leiden, weil andere leiden – es tut so unbeschreiblich weh, das eigene Kind leiden zu sehen. Es tut so weh, durch das eigene Leiden dem anderen nicht mehr der Mensch sein zu können, der wir gerne wären (oder aufgrund unserer Verantwortung auch sein sollten).

Die Macht des Leidens sehen wir in bewegender Weise in einem weit bekannten Buch von Ruth Picardie: *Es wird mir fehlen, das Leben.* Der englische Originaltitel dieses Buches lautete *Before I Say Goodbye* („bevor ich mich verabschiede"). Ruth Picardie starb am 22. September 1997 an Krebs. Sie war, zum Zeitpunkt der Diagnose im Jahr 1996, eine zweiunddreißigjährige Journalistin, liebevolle Mutter von damals einjährigen

Zwillingen, glücklich verheiratet und eine lebenslustige, durchaus abgebrühte, mitunter zynische Frau der 1990er Jahre. Sie schreibt eine Kolumne im *Observer* über ihre Krankheit und deren unerbittlichen Verlauf, erhält Leserbriefe, schreibt E-Mails und lässt ihr Leben auf diese Weise Kreise ziehen wie ein Stein, der ins Wasser fällt. Und wie ein schwerer, gnadenloser, unvorhersehbarer Stein hat sie die Diagnose ja auch getroffen. Sie beschreibt die Veränderung ihres gesamten Beziehungsnetzes – alle Menschen werden, wie ihr Ehemann später schreiben wird, dem „Krebsopfertest" unterzogen – der Prüfung, ob und wie sie mit der Krebserkrankung ihrer Verwandten, Bekannten, Kollegin oder Freundin umgehen können. Es fällt uns schwer, mit Leid und Krankheit umzugehen – mit eigenem Leid und mit dem Leid anderer. Manchmal denken wir uns vielleicht sogar, dass wir leichter mit dem eigenen Schmerz als mit dem Schmerz anderer zurechtkommen können.

Leiden ist ein Teil von unserem Leben. Das leidfreie Leben gibt es nicht. Und wenn es dieses Leben gäbe – denken wir an Huxleys *Schöne Neue Welt* –, so würden wir uns fragen müssen, worin der Preis besteht, den wir dafür entrichten müssen, dass wir Leidvermeidung zum obersten Ziel machen. Es soll hier nicht das Leiden verherrlicht werden, wie das mitunter geschehen ist oder geschieht. Aber wir wollen einen aufrichtigen Blick auf die Realität menschlichen Leidens werfen, um auch besser verstehen zu können, welche Türen sich erst durch das Leiden öffnen.

Ein Mensch, der leidet, weiß sich in gewissem Sinn als jemand, der Souveränität einbüßt – eine Patientin in einem Krankenhaus büßt an „Konsumsouveränität" ein, an der Möglichkeit, autonome Entscheidungen zu treffen. Durch die Einschränkung des Wahlhorizonts ist ein leidender Mensch gezwungen, sich die Frage nach den Grundentscheidungen zu stellen, vielleicht auch die Frage, worum es eigentlich im menschlichen Leben geht. Leiden verändert einen Menschen. Das bedeutet auch, dass Leiden einen Menschen in mehr oder weniger großem Ausmaß in die Rolle des Erduldenden drängt, in die Rolle des Passiven, an dem etwas geschieht, der etwas geschehen lassen muss, zulassen muss. Leiden bedeutet eine Einschränkung und eine Verengung. Wir können in der Krankheit weniger tun und weniger entscheiden, weniger planen. Leiden ist unberechenbar und lässt uns an Grenzen dessen stoßen, das wir kontrollieren und manipulieren können. Wir sind dem Leiden in einem gewissen Sinne auch ausgeliefert, wir können nicht voraussagen, wie sich nach einer Operation der Schmerz entwickeln oder der Heilungsprozess gestalten wird. Durch das Leiden, so könnte man sagen, verschiebt sich die Buchhaltung des Lebens, vom „Haben" (von unserer Kontrolle und Souveränität) hin zum „Soll" (zur Abhängigkeit, zur Eingeschränktheit, zum Angewiesensein auf andere).

Der portugiesische Schriftsteller Fernando Pessoa hat in seinem berühmten *Buch der Unruhe* einen Buchhalter, der am Leben leidet, gezeichnet und das Bild der Buchhaltung auf das ganze Leben übertragen: „Wir alle, die wir träumen und denken, sind Buchhalter und Hilfsbuchhalter in einem Stoffgeschäft oder in irgendeinem anderen Geschäft in irgendeiner Unterstadt. Wir führen Buch und erleiden Verluste: wir ziehen die Summe und gehen vorüber; wir schließen die Bilanz, und der unsichtbare Saldo spricht immer gegen uns." Das ist sehr pessimistisch gedacht, mag aber für Menschen, die leiden, nicht ferne sein.

Leiden verschiebt das, was wir „Strukturen des Selbstverständlichen" nennen können, also den Bereich dessen, was wir als gewöhnlich, selbstverständlich und normal ansehen. Unter diesen Strukturen kann man die Landkarte dessen verstehen, was ein Mensch als selbstverständlich annimmt. Ein gesunder Mensch empfindet Schmerzfreiheit in vielen Fällen als selbstverständlich, wer aber einmal von Migräneanfällen geplagt wurde, weiß Schmerzfreiheit als nicht selbstverständlich zu schätzen. Leiden bedeutet, mit Schmerz zu leben. Der Schmerz ist eine Einschränkung von Wohlbefinden, die unberechenbar ist und knechtet, uns Aufmerksamkeit abzwingt und uns zerstückelt – wir fühlen uns im Schmerz von uns selbst entfremdet und wir fühlen uns in Stücke gehauen, weil ein bestimmter Teil von uns (zum Beispiel der Kopf, wenn wir Migräneanfälle haben) die ganze Wahrnehmung bestimmt. In diesen Weisen prägt das Leiden unser In-der-Welt-Sein. Und hier stellt sich die Herausforderung, auch unter geänderten Bedingungen, auch nach Einschränkung und Verlust, „Ja" zum Leben und Weiterleben zu sagen.

Wenn wir eine Durchbrechung erfahren, dann sind wir darauf angewiesen, einen Neuanfang zu machen. Im Falle des Verliebtseins ist ein solcher Anfang voller Wunder und Zauber; auch im Falle einer verheißungsvollen beruflichen Neuorientierung. Aber wenn wir Verluste erleiden, dann ist die Erfahrung, durchbrochen zu werden, traurig und schmerzhaft. Hier heißt es, Abschied zu nehmen. Um Abschied nehmen zu können, müssen wir anerkennen, was ist; müssen wir ehren können, was war; müssen wir Ja sagen zu dem, was sein wird. Dazu bedarf es des Mutes, sich auf Neues einzustellen, und es bedarf der Demut, loszulassen und sich Wahrheit und Wirklichkeit zuzumuten. Eindrücklich erfahren wir das Durchbrechen im Älterwerden. Das Thema des Älterwerdens betrifft uns alle. Unser Leben ist begrenzt. Wir bemerken, nicht zuletzt an den heranwachsenden Kindern, wie die Zeit vergeht, aber auch an uns selbst, wie etwa unsere Haut altert oder wir an Beweglichkeit einbüßen. Gesellschaftlich gesehen stehen wir durch die Altersstruktur in Mitteleuropa vor großen Herausforderungen, die auch mit unterschiedlichen Ängsten besetzt sind.

Die Möglichkeit und Realität von Durchbrechungen können uns Lasten auferlegen und uns Angst machen. Doch letztlich behindern diese Ängste unser Leben. Sie können bewirken, dass unser Leben nur um uns selber kreist. Jesus, der lebende und auferstandene Herr, sagt: Habt keine Angst, fürchtet euch nicht. Mit ihm brauchen wir keine Angst haben. Dies ist keine naive Haltung, sondern Glaube an einen treuen Gott.

Das in armen Verhältnissen geborene Kind wird zum Zeichen der Hoffnung. Wie viele Durchbrechungen durchziehen das Leben Jesu! Wir wollen nicht vergessen, dass bereits der Geburtsort Ausdruck einer Durchbrechung war, und dass die Heilige Familie, wie das Matthäusevangelium berichtet, die ersten Jahre bis zum Tod des Herodes im ägyptischen Exil verbrachte. Wie viele Durchbrechungen musste Maria, die Mutter Jesu, erfahren! Ein Mensch, der liebt, wird Durchbrechungen erleiden und gestalten – und auch im Leiden den Blick auf andere und die Umsicht nicht verlieren. So wie die Gottesmutter den Tod Jesu unter dem Kreuz stehend erlebte (Joh 19,25) und nach all diesen schrecklichen Erfahrungen in der Gemeinschaft der Betenden verblieb (Apg 1,14) und nicht an ihrem Glauben irre wurde. Sie wurde immer wieder überrascht, durchbrochen, machte leidvolle Erfahrungen, zerbrach aber nicht.

7. Der Preis der Gier: Leiden an der Habsucht

Wenn wir ehrlich sind, leiden wir häufig an uns selbst – an den Konsequenzen unseres selbstsüchtigen Handelns, an unserer Eitelkeit, an unserem unerfüllten Ehrgeiz, an unseren Wünschen. Die Kraft eines Mahatma Gandhi oder einer Mutter Teresa bestand wohl auch gerade darin, dass sie nichts zu verlieren hatten, dass ihnen nichts genommen werden konnte. Sie hatten erkannt, worin ihre Mission im Leben besteht, und hatten diesen Platz ausgefüllt. Sie hatten nicht um ihrer eigenen Ehre willen gearbeitet, sondern um eines höheren Zieles willen, das ihr eigenes Tun als einen Dienst, ihr eigenes Leben als ein Werkzeug auswies. Sie brauchten keine Angst zu haben – keine Angst vor übler Nachrede, denn ihr Wert hing nicht von der Ehre ab, die ihnen zugeschrieben wurde; keine Angst vor Schmerzen, denn ihr geistliches Fundament war so stark, dass sie es gelernt hatten, nicht nur zu handeln, sondern auch mit Würde und, man möchte sagen, Anmut zu leiden; keine Angst vor Verarmung, weil sie bereits in Armut und in Einfachheit lebten. Sie waren, so möchte man sagen, frei von Habsucht – auch frei von geistlicher Habsucht, von der Gier nach geistlichen Gütern. Sie waren freie Menschen, Menschen, die Schritt für Schritt frei geworden waren von den inneren Zwängen.

Ein solcher machtvoller Zwang ist die Habgier. Die Enzyklika *Populorum Progressio* von Papst Paul VI. aus dem Jahr 1967 weist auf die Habsucht, die „avaritia“ als eine Wurzel von Übel hin – als eine Wurzel auch von moralischer und wirtschaftlicher Unterentwicklung. Für diese Gier muss ein Preis gezahlt werden. In vielen Fällen hängen Gesichter von Leiden mit Habgier zusammen. Um nur zwei biblische Beispiele zu nehmen: Im Buch Genesis finden wir das Leiden der Hagar (Gen 21,9–21). Sie war die ägyptische Magd der Sara, der Frau des Abraham. Sara war unfruchtbar und gab Abraham ihre Magd zur Frau, damit er Nachkommen haben könne. Hagar wurde schwanger und begann stolz zu werden und zeigte wenig Achtung vor ihrer Brotgeberin. Da wurde sie zusammen mit ihrem Sohn Ismael in die Wüste verstoßen. Die Eifersucht der Sara, die Macht nicht teilen wollte und ihrer Magd das Glück nicht gönnen wollte, hat dieses Leiden mitverursacht, das auch dem Knaben Ismael auferlegt wurde. Hagar war mit ihrer Kraft am Ende, wollte auch ihren Sohn aufgeben, und schöpfte nur dadurch Lebensmut, dass sie sich nicht nur um sich und ihr Leiden sorgte. Hagar konnte diese Situation durchstehen, weil sie von Gott aufgerufen wurde, aufzustehen und sich fest an ihren Sohn zu binden: „Steh auf, nimm den Knaben, und halt ihn fest an deiner Hand“ (Gen 21,18). Hagar wurde eingeladen, nicht zu resignieren; ihr wurden die Augen geöffnet und sie sah einen Brunnen, Zeichen von Hoffnung und Zukunft. Auf der Grundlage dieser Wüstenerfahrung wuchsen ihre Nachkommen zu einem starken Volk heran.

Habgier hat mit einer Verengung des Selbst zu tun, lässt uns die Grenzen dessen, was zu uns gehört, sehr eng definieren und macht unser Herz neidvoll und eng.

Habsucht hat damit zu tun, den anderen nicht wachsen lassen zu wollen. Im zweiten Buch Samuel finden wir die Habsucht des David: Er hatte sich in eine Frau namens Batseba verliebt und Batsebas Mann, einen Soldaten, dadurch aus dem Weg schaffen lassen, dass er ihn an vorderster Front aufstellen ließ. Batseba wurde Davids Frau und sie gebar ihm einen Sohn, der schwer krank wurde und schließlich starb. Das war, so schildert es das zweite Buch Samuel (2 Sam 12,1–25) die Strafe für Davids sündhaftes Verhalten. David litt also an sich selbst, an den Konsequenzen seines Tuns, an den Folgen seines Tuns und musste den Preis für seine Habgier bezahlen. Seine Habsucht hatte nicht nur den Mann Batsebas, sondern auch sie selbst, die den Tod ihres Sohnes bitter beklagte, schwer getroffen. David konnte von seinem Trauerlager wieder aufstehen, als er anerkennen konnte, was ist, und als Geläuterter aus dieser Erfahrung hervorging. Er tröstete seine Frau und sie brachte den späteren König Salomo zur Welt. Das macht Davids Schuld nicht wett, enthält aber doch die Botschaft, dass wir auch uns gegenüber Vergebung aufbringen sollten, um weitergehen zu können. Wir müssen den Preis unserer Habgier bezahlen, sagt uns die Schrift, aber wir brauchen nicht in der Habgier verstrickt zu bleiben.

Habsucht ist das ungeordnete Streben nach Gütern – es handelt sich um ein Streben, das nicht in einen sinnstiftenden und gleichzeitig maßgebenden Rahmen eingebettet ist. Der Zusammenhang, in dem die Frage nach der rechten Ordnung eines Strebens verhandelt wird, ist die Frage nach dem geglückten menschlichen Leben. Es geht um die Frage: Worum geht es eigentlich im menschlichen Leben? Worauf kommt es an? Die Habsucht verrät Grundannahmen hinsichtlich des Lebenskontextes. Sie hat ein Gefühlsmoment und eine Strebekraft, sie erfüllt uns also mit Emotionen und gibt unserem Tun eine Kraft und eine Richtung. Die Habgier wird nicht zuletzt aufgrund des Umstands, dass sie eine fundamentale Lebensorientierung ist, als eine „Hauptsünde" angesehen, die charakteristischerweise ein Übel ist, das weiteres Übel erzeugt (ähnlich wie eine Kardinaltugend eine Schlüssel- oder Angeltugend ist, an der andere Tugenden hängen).

Die Habsucht ist eine gefährliche Sünde, weil sie verschleiert auftreten kann und sich mit subtilen Strategien verteidigen lässt. Unter dem Vorwand der Klugheit etwa, der Vorsorge für die Zukunft, der Verantwortung für die eigene Familie, des sozialen Nutzens persönlichen Wohlbefindens kann habsüchtiges Tun und Gelten sogar innerhalb der Moralordnung, in der sie als Sünde gilt, gerechtfertigt werden. Hat Bernard Williams zwischen „roten" und „weißen" Gefühlen unterschieden, so könnten wir zwischen „lauten" und „leisen" Modi von Untugenden differenzieren. Eine Untugend kann „laut" oder „leise" auftreten; sie kann sich unübersehbar zeigen, den Raum besetzen, auf Dämpfungen und Dämmungen, Verschleierungen und Verkleidungen verzichten. Wut und Völlerei treten in der Regel „laut" auf. Sie zeigen sich in einer Form, die über jeden vernünftigen Zweifel hinaus erkennen lässt, welche lebensformprägende Handlungsdisposition hier vorliegt. Die Habsucht ist selten „laut" – auch wenn wir an Situationen denken können, in denen sich die Habsucht unübersehbar ausdrückt – etwa, wenn Menschen um Hilfsgüter kämpfen oder wenn es einen Ansturm auf ein Geschäft gibt. Aber das scheint die Ausnahme. Die Habsucht ist zumeist eine schleichende Sünde, die höflich und kultiviert aufzutreten vermag, sich in kalter Berechnung oder auch in warmen Moralabhandlungen manifestieren kann. Ihr zumeist „leiser" Charakter macht die Habsucht weniger berechenbar als laute Formen, erlaubt weniger Klarheit in der Entwicklung von Remedien und Widerstand. Man könnte durchaus der Ansicht sein, dass Huxleys *Schöne Neue Welt* auf dem leisen Modus der Habgier aufgebaut ist.

Die Habsucht hat eine persönliche Dimension – sie wirkt sich auf die persönlichen Prioritätensetzungen und Zielgebungen aus, ist eng mit dem Geiz verwandt und steht dem Neid nahe. Sie ist ein Hindernis auf dem Weg zu persönlichem Wachstum, das in der geistlichen Literatur stets mit einer Form von Leerwerden und Loslassen verbunden ist. Durch unsere Habgier stehen wir uns selbst im Weg, wenn es darum geht, Christus nachzufolgen und menschlich zu wachsen. Es ist eine gute Übung, sich zu fragen, worin denn die Motivation für unser Handeln besteht.

Habgier hat aber auch eine strukturelle Komponente – ein System, das getragen ist von Habsucht, wie weite Teile des herrschenden Wirtschaftssystems, erzeugt

Ungerechtigkeiten, die über den einzelnen Menschen hinausgehen. Es ist sehr schwer, weniger zu nehmen, wenn man mehr bekommen kann. Es ist auch deswegen schwer, weil es der treibenden Kraft des „Mehr" und „Immer mehr" und „Weiter" widerspricht. Es ist ein Grundirrtum zu glauben, dass Wachstum einen Wert an sich darstellt. Die Habsucht erzeugt Formen von Ungerechtigkeit und entwickelt eine Eigendynamik, die den öffentlichen Raum und das politische Handeln aufgrund ihrer Maßlosigkeit prägt. Es ist charakteristisch für die Habsucht, dass sie sich mit der Idee einer Begrenztheit nicht verträgt und aufgrund des angesprochenen Mangels an Ordnung kein Maß kennt. Das heilende Gegenmittel zur Habsucht ist also das Maßhalten, die Kraft, „Nein" zu sagen, den Satz „Genug ist genug" sagen zu können. Auch hier können wir an uns arbeiten – ja, es ist wichtig, dass wir Ziele haben und wissen, wonach wir streben wollen. Aber wir müssen uns hier zwei Fragen stellen (Fragen, die alle, auch kirchliche Würdenträger und professionelle Ethiktreibende angehen): Geht es uns um die eigene Ehre oder um einen größeren Zusammenhang, in dem wir einen wichtigen Dienst tun? Und: Setzen wir uns eine Grenze im Streben nach äußeren Dingen, eine Grenze, die uns sagen lässt: „Es ist genug"?

Der Schlüssel zur Überwindung der Habsucht ist die Bindung an eine Ordnung, die das eigene Leben in einen größeren Zusammenhang einbetten und damit die Grenzen des Selbst erweitern lässt. Diese Bindung kann man mit Begriffen der Solidarität beschreiben. Ähnlich wie die Habsucht tritt die Solidarität zumeist in „leisen“ Formen und Gesten auf, schlägt sich im Alltag und der Lebensformgestaltung nieder. Die Überwindung der Habsucht ist eine stete Aufgabe, nicht etwas, das abgehakt werden könnte. Der erste Schritt ist wohl die Sehnsucht nach dem Überwinden der Habsucht und der Wille zur Suche nach Alternativen. Die Enzyklika *Populorum Progressio* zitiert in diesem Zusammenhang das Lukasevangelium: Suchet und ihr werdet finden (Lk 11,9). Im Grunde besteht die Habsucht darin, dass sich der habgierige Mensch nur selbst sucht – wohl in dem Sinne, in dem der Prophet Ezechiel die schlechten Hirten als diejenigen beschreibt, die sich selber weiden (Ez 34,2.8). Der Weg aus der Habsucht ist der Weg auf andere Menschen hin. Diesen Weg können wir „Solidarität“ nennen.

Solidarität ist nicht selbstverständlich. Es bedarf bestimmter Einstellungen und Einsichten, um eine Kultur von Solidarität leben zu können. Da ist zunächst die *Dankbarkeit*. Wenn ich nicht dankbar dafür sein kann, was mein Leben lebenswert macht, werde ich mir schwertun, einen Geist der Solidarität zu entwickeln. Dankbarkeit schließt die Einsicht ein, dass etwas geschenkt wurde, zugefallen ist – in einer Weise, die über die eigene Kraft und das, was wir mit ihr schaffen können, hinausgeht. Wenn ich mein Leben als Summe eigener Leistung verstehe, werde ich mir schwertun, Solidarität aufzubauen. Ein Wissen um das Moment des Gnadenhaften in unserem Leben, in dem uns vieles zufällt – und auch vieles aufgetragen wird – ist ganz entscheidend für einen Geist der Solidarität.

Damit hängt die Einsicht in unsere *Verletzlichkeit* zusammen. Unsere Kraft ist beschränkt, unsere Welt angreifbar, unsere Identität kann verwundet werden. In Zeiten des Terrors wird uns diese Verwundbarkeit menschlicher Lebenswelt immer wieder vor Augen geführt. Zeiten des Terrors drängen uns auch eine dritte Einsicht auf, die für Solidarität notwendig ist – die Einsicht, dass unser Leben in einem *größeren Horizont* steht, dass wir abhängig sind von Menschen und Strukturen um uns herum. Dieses Anerkennen, dass wir Kontexten angehören, die über uns hinausgehen, bringt eine Weite in unser Leben und damit auch eine Verantwortlichkeit. Es ist ein Zeichen von Borniertheit, in einer kleinen Welt zu leben, in der man selbst das Zentrum bildet.

In diesem Sinne hat Solidarität auch mit der Überwindung von Dummheit, von Enge und Engstirnigkeit zu tun. Wenn wir unser Leben als eine Berufung ansehen können, dann können wir unser Leben in einen Horizont einbetten, der über uns hinausreicht. An diesem Weltbild müssen wir aber arbeiten. Solidarität fällt also nicht vom Himmel, sondern hat damit zu tun, einen realistischen Blick auf die Menschen und die Welt zu werfen und mit beiden Füßen auf der Erde zu stehen. Der brasilianische Theologe Clodovis Boff hat einmal ein schönes Buch geschrieben über „Theologie mit den Füßen am Boden". Solidarität hat mit dieser

Erdverbundenheit und Verwurzeltheit zu tun, mit der Anerkennung des gemeinsamen Bodens, auf dem wir alle stehen. Und gleichzeitig drückt Solidarität eine Weite aus, die, wenn man so sagen darf, den Himmel mit der Erde verbindet.

Der Regenbogen scheint hier ein schönes Bild zu sein, steht er doch auch für einen Bund der Solidarität und hat doch Solidarität mit einem Bund zu tun, den Menschen miteinander schließen. Solidarität führt zur Anerkennung, dass wir Menschen eine Familie bilden, dass wir in einem gemeinsamen Boot sitzen. Während Solidarität zusammenführt, trennt uns die Habsucht, splittert sie doch Menschen als Einzelne auf. In einem System, das auf der Habsucht aufgebaut ist, haben wir alle gelernt, uns als Einzelne zu sehen. Der Preis der Habgier ist die Verstrickung in eine Spirale des Drucks. Dieser Druck wird durch eine Krankheit ausgeübt, die Krankheit des Vergleichens.

Die Habsucht führt zur Krankheit des Vergleichens. Das ist tatsächlich eine Krankheit, die Schmerzen verursachen kann. Die Habsucht bringt uns dazu, uns stets mit anderen Menschen oder mit uns selbst, wie wir früher waren oder sein wollen, zu vergleichen – und dadurch immer und überall Gründe für Unzufriedenheit zu finden. Hier hat uns Jesus eine klare Botschaft auf den Weg gegeben: An mehreren Stellen weist er die Jünger, die in Rangstreitereien verwickelt sind, zurecht und gibt ihnen zu verstehen, dass dies gerade nicht das Entscheidende bei der Nachfolge ist. Sie mögen also aufhören, sich miteinander zu vergleichen. Am

Ende des Johannesevangeliums wird es noch einmal deutlicher: Petrus wird in seine Mission eingewiesen und möchte wissen, was denn nun mit Johannes geschehen würde: Und Jesus macht ihn darauf aufmerksam: Das soll nicht deine Sorge sein (Joh 21,22).

Können wir uns vorstellen, wie befreiend es wäre, wenn wir uns nicht mit anderen vergleichen müssten? Können wir uns vorstellen, wie frei wir werden, wenn wir den Blick auf Christus richten und nicht neidvoll nach links oder rechts schielen? Es kann wie das Loslassen eines schweren Gewichts sein, das uns fast zu Boden drückt, wenn wir uns befreien vom Zwang, uns vergleichen zu müssen.

Abschließend soll auch gesagt sein, dass wir selbst in geistlichen Dingen den Anfängen der Habsucht wehren sollen. Natürlich ist es gut und wichtig, Vorbilder auf dem geistlichen Weg zu haben – aber doch nicht, um in einen „Wettkampf des Gutseins" mit Don Bosco oder Edith Stein einzutreten! Natürlich ist es gut, nach einem Leben, das sich in der Nähe Gottes gestaltet weiß, zu trachten – aber doch nicht mit Gier und der Ambition, Ehren vor Gott anzuhäufen. Hier liegt die fast geheimnisvolle Antwort des Christentums auf die Habsucht: Loszulassen von allem, was man „haben" kann; oder auch: Vom Haben zum Sein zu gelangen.

8. Das Leiden Jesu

Es tut gut, den Blick auf Christus zu richten, von Ihm zu lernen. Es tut gut, mit den kleinen und den großen Fragen zu Ihm zu kommen. Es tut gut, sich in allem zu fragen, welche Hinweise wir im Evangelium finden. Es tut gut, auf Christus zu schauen, auch wenn dieser Blick schmerzhaft sein kann – denn durch diesen Blick wissen wir um unsere eigene Unzulänglichkeit und durch diesen Blick sehen wir das Leiden Jesu. Das Kirchenjahr kennt einen schonungslosen Blick auf das Leiden Jesu, wie es in den Evangelien überliefert ist: Der Karfreitag ist der Tag, an dem wir das Leiden Jesu in den Mittelpunkt stellen; ein Leiden in Hingabe, über das sich viele entsetzen, wie uns der Prophet Jesaja sagt (Jes 52,14). Ein Leiden, das Menschen in Staunen setzt. Ein Leiden also, das abstößt und das man nicht einordnen kann, vielleicht auch nicht einordnen will, nicht sehen möchte. Das Leiden eines Menschen führt dazu, dass man sein Gesicht abwendet, dass man diesen Menschen verachtet.

Am Karfreitag sind wir eingeladen, unseren Blick nicht, wie wir es gewohnt sind, vom Leiden abzuwenden. Wir sind eingeladen, die Passion Christi zu hören, zu sehen, zu erleben. Wir sind aufgerufen, uns vertraut zu machen mit diesem Leiden. Wir sind aufgerufen, als Christinnen und Christen den Blick nicht abzuwenden vom Leiden in der Welt, vom Kreuz, das viele Menschen in dieser Welt tragen, das Kreuz von Hunger, Krankheit, Krieg, Armut und Mangel, Erniedrigung und Unsicherheit. Wir sind aufgerufen, auf das Kreuz zu blicken. Der Apostel Paulus spricht von der Kraft des Kreuzes, die nicht durch gewandte und kluge Worte geschwächt werden darf (1 Kor 1,17). Das Kreuz hat eine gleichsam rohe Kraft, die nicht durch Verhüllungen und Verschleierungen gemindert werden soll. Die Kraft des ungezähmten, klobigen, nicht glatten Kreuzes besteht gerade darin, dass es sich nicht glätten lässt, dass es auf uns wirkt und wir uns führen lassen von der Kraft Gottes; das Kreuz steht auch dafür, dass wir auf Wege geführt werden, die wir selber nicht wählen würden. Das Kreuz steht nicht für die Verheißung eines gemütlichen Lebens, aber für die Verheißung eines Lebens, das dient, das Fülle hat, das überfließt, das wirklich gelebt wird. Luise Rinser hat in ihrem Roman *Bruder Feuer* von diesem Ringen des Franz von Assisi nach einem gelebten Leben gesprochen, einem Leben, das auch erlitten wird.

Jesus geht in seinem Leiden auf uns in einer Weise zu, die uns eine Entscheidung abfordert. Immer wieder finden wir Jesus im Evangelium in Situationen, in denen er Menschen dazu bringt, Stellung zu beziehen – im Gleichnis vom barmherzigen Samariter, im Gleichnis von den Arbeitern im Weinberg, die alle den gleichen Lohn erhalten, obwohl sie unterschiedlich lange gearbeitet haben, in der Begegnung mit dem reichen Jüngling, den er zum Verkauf seiner Güter auffordert. Aber die kraftvolle Einladung, Stellung zu beziehen, ist nie deutlicher als angesichts des Leidens und Sterbens Jesu.

Das Wort vom Kreuz ist denen, die den Weg nicht mit Gott gehen wollen, Torheit, wie Paulus sagt (1 Kor 1,10). Paulus macht darauf aufmerksam, dass es diese Versuchung gibt, das Kreuz als harmlos oder als falsche Geschichte oder als unwichtig anzusehen. Doch es verhält sich so, dass das Kreuz Gottes Kraft wird, die Kraft Gottes, die in uns wirken kann; jene Kraft, die uns dienen lässt, ein Leben mit dem Blick auf andere führen lässt. Das Kreuz gibt Kraft – es ist die Kraft eines Menschen, der eine Last trägt, aber weiß, warum er sie trägt. Eltern, die ihre Familie ernähren, wissen, warum sie hart arbeiten; Menschen, die ehrenamtlich ihre Zeit einsetzen, wissen, dass sie einen wichtigen Dienst erfüllen. Priester und Ordensleute, die einfühlsam in der Seelsorge arbeiten, wissen, dass sie Hoffnung und Hilfe in Not und Angst bringen können. Das Kreuz zu tragen, gibt tatsächlich Kraft – die Kraft, die daher rührt, dass wir nicht auf uns selber schauen und dass wir das Vertrauen haben, einen Weg gehen zu dürfen, auf dem Gott uns führt.

Lernen wir, so lädt uns das Evangelium ein, von Jesus: Er hat sein Kreuz getragen, ohne zu murren, ohne sich selbst zu bemitleiden, Schritt für Schritt; er hat am Kreuz die größte Verheißung gemacht, die je ein Mensch empfangen hat, die Verheißung an den Schächer, ins Paradies zu kommen (Lk 23,43).

So blicken wir am Karfreitag in besonderer Weise auf das Kreuz. Der Karfreitag birgt auch die Botschaft: Den Blick nicht abwenden vom Leid. Karfreitag ist auch die

Einladung, den Blick auf das Leiden auszuhalten. Wenn wir auf Jesu Leiden blicken, dann fällt uns auch das Schweigen auf. Immer wieder ist in der Passionsgeschichte vom Schweigen die Rede. In der Lesung aus Jesaja heißt es gleich zweimal, dass er seinen Mund nicht auftat, wie ein Schaf, das vor seinem Scherer verstummt (Jes 53,7). In der Johannespassion finden wir eine Stelle, an der Jesus gegenüber Pilatus schweigt (Joh 18,9). Schweigen, das heißt auch, zu warten, was der andere sagt und tut, dem anderen Raum geben, sich selbst zurücknehmen, sich selbst aus dem Mittelpunkt entrücken. Schweigen ist ein Weg, auf dem wir uns selbst begegnen können. Schweigen heißt auch, Fluchtmöglichkeiten aus der Hand zu geben, die Fluchtmöglichkeit der Ausrede, der Gegenrede, der Verteidigung, der Anklage. Schweigen ist eine Form von Verzicht, ist eine Form von Offenheit auch, Nährboden zu bieten, auf den die Saat des erfahrenen Wortes fallen kann. Wir können den Karfreitag als eine Einladung ansehen, zu schweigen – zu schweigen angesichts des Leidens. Das ist, wenn wir an das Leiden denken, in vielen Fällen die angemessene Antwort auf das Leiden. Das Leiden eines anderen mitzuerleben kann auch ein Aufruf zum Schweigen sein. Sich zurücknehmen. Sich die eigenen Schwächen und Unzulänglichkeiten, Fehler, Vergehen und Sünden zuzumuten.

Die Leidensgeschichte Jesu erinnert uns daran, dass Jesus Schmerzen kennt, eingetaucht ist in die dunkle Seite des Menschseins. Leiden, Pein und Qualen sind Ihm, dem nichts Menschliches fremd ist, vertraut geworden. In der Lesung aus dem Hebräerbrief wird dieses Moment deutlich: Wir haben einen, der mit uns leiden kann in unseren Schwächen (Hebr 4,15). Immer wieder hat Jesus, so erfahren wir aus den Evangelien, Zurückweisung erfahren, sich Gefahren ausgesetzt, ist angefeindet worden. Doch die Verdichtung seiner Liebe im Leiden, diese Verdichtung geschieht in der Leidensgeschichte, wie wir sie am Karfreitag hören. Und in dieser Verdichtung liegt das Heil. Ignatius von Loyola hat seine Exerzitien, seine geistlichen Übungen, als verdichtete Erfahrungen der Gegenwart Gottes beschrieben. Um eine solche geistliche Übung geht es auch am Karfreitag, um eine Einübung in die Nachfolge Jesu, um eine Einübung in die Kraft der Liebe.

Das Leiden Jesu ist nicht eine Erfahrung, die wir von außen betrachten; es ist eine heilsame Erfahrung für uns. „Durch seine Wunden wurden wir geheilt" (Jes 53,5), heißt es beim Propheten Jesaja. Was bedeutet das? Das ist ein Mysterium, schwer zu verstehen, schwer nachzuvollziehen. Jesus hat sich freiwillig dem Leiden unterworfen, ist aus freiem Willen für unsere Missetaten gestorben. Der Tod eines Gerechten erlöst viele Ungerechte. Das ist ein Gedanke, der auch in der jüdischen Tradition immer wieder aufgekommen ist. Deswegen dürfen wir auch „mit Zuversicht" vor Gott treten, vor den Thron der Gnade (Hebr 4,16). Ein Mensch, der gerecht ist, kann eine Familie, eine Gemeinde, ja ein Volk aufbauen. Denken wir nur an die Wenigen, die im Zweiten Weltkrieg den Juden beigestanden sind und zu Gerechten geworden sind, an die in Israel erinnert wird. Diese wenigen Gerechten erzählen von der Möglichkeit des Guten, erzählen davon, dass nicht alle Menschen das jüdische Volk im Stich gelassen haben.

Jesus ist, und das wird immer wieder betont, aus Liebe gestorben. Nicht aus Angst und nicht aus Versagen und nicht aus Kraftlosigkeit und nicht aus einer nüchternen Abwägung, sondern aus Liebe. Mehr noch: Jesu Leben und Leiden zeigen, was es heißt, bis zur Vollendung zu lieben. Dass Lieben und Leiden zusammenhängen, erkennen wir aus dem Wort einer Mutter „Ich habe mit meinen Kindern meine liebe Not". Wer einen anderen Menschen liebt, macht sich verwundbar, wird verletzlich. Wer einen anderen Menschen liebt, gibt einen Teil seiner Freiheit auf und übernimmt Verantwortung. Wer einen anderen Menschen liebt, sorgt sich um den geliebten Menschen und stimmt sein Leben auf diese Liebe ab, gibt sein Leben dieser Liebe hin.

Warum liegt im Leiden Heil? Ein Text von Jesaja gibt die Antwort, dass man durch das Leiden reiche Erkenntnis besitzt und durch das Leid das Licht schauen kann (Jes 53,11). Denn wer in die Dunkelheit des Leidens eingetaucht ist, der kann das Licht als Licht erkennen. Leiden ist eine schwierige Sache. Es ist ein Leben in Dunkelheit und Enge. Hier stoßen wir auf die Versuchung, das Leiden zu verharmlosen, auch das eigene, es zu leugnen und abzustreiten. Und wir stoßen auf die Versuchung, das Leiden zu verherrlichen, vielleicht in Selbstmitleid zu baden, sich allein als Opfer zu sehen.

Jesus hat erhobenen Hauptes sein Leid auf sich genommen. Er hat sich zu seinem Königtum bekannt, er ist nicht gewankt in seinem Gottvertrauen, dass ohne das Wissen und den Willen Gottes nichts geschieht. Pilatus hat nicht Macht über Jesus, wenn Gott dies nicht zulässt.

Wenn wir Menschen leiden, so erinnert uns das an unsere Grenzen, an unsere Abhängigkeit von der Vorsehung Gottes. Wenn wir Menschen leiden, dann müssen wir lernen, uns auszuhalten. Pierre Teilhard de Chardin hat einmal gesagt, dass wir gerade in Momenten, in denen das Ich gedrückt wird und kleiner wird, wachsen können. Leiden verändert uns unmerklich, kann uns sanfter und milder und weicher machen. Vielfach erleben wir das bei einem Krankheitsverlauf. Hier müssen wir um die Gnade bitten, nicht zu verhärten und zu verbittern und abzustumpfen. Jesus lehrt uns, dass Leiden nicht darin besteht, die Hände in den Schoß zu legen und nichts zu tun. Jesus lehrt uns, dass wir durch das Leiden zu unserer Identität finden können – wer wir im Kern sind, wenn die Schalen und Panzer von Sicherheit und Komfort abgeschält sind. Jesus lehrt uns durch sein Leiden, dass sein Königtum noch deutlicher wird in der Passion – gerade weil es sich nicht erschüttern lässt.

Jesu Leiden kann uns wenigstens vier Lektionen über das Leiden lehren:

- Jesus ist es, der im Leiden „Ich" sagt. Sein mächtiges Wort „Ich bin es" erschüttert die Schergen. Jesus bleibt im Leiden derjenige, der er ist. Er büßt nicht seine Identität ein, wird nicht zu einem wehleidigen, jammernden Kind – sondern bleibt König mit einem Königreich, nicht von dieser Welt. Jesus lehrt uns, dass wir im Leiden gerufen sind, wir selbst zu bleiben, unsere Identität zu vertiefen und zu verdichten, aber nicht aufzugeben.

- Jesus zieht nicht andere in sein Leiden hinein. Er besteht darauf, dass die Seinen frei gehen dürfen. Er lehrt uns, dass wir im Leiden nicht andere in unser Leiden hineinziehen, etwa die uns anvertrauten Kinder, die wir mit unserem Leiden nicht belasten mögen.
- Jesus lehrt uns, dass sein Leiden heilen kann. Er heilt das Ohr des Knechtes des Hohepriesters. Sein Leiden wird heilsam. Wer einen schwerkranken Menschen in der Familie hat, ahnt, worum es hier geht – der Blick auf das Leiden läutert, er erinnert an das Wesentliche, er macht demütig und dankbar und milde. Jesus lehrt uns, dass das Leiden heilen kann.
- Jesus gewinnt im Leiden besondere Autorität. Dies wird deutlich, als er seine Mutter seinem Lieblingsjünger anvertraut. Hier spricht der Leidende, der Scheidende, mit Autorität. Der Mensch, der leidet, hat eine Autorität, die der Mensch, der nicht leidet, nicht hat. Auf diese Autorität, die Autorität dessen, der viel gelitten hat, ist Weisheit und Erkenntnis gebaut, die uns auf das Wesentliche des Lebens verweisen.

So können wir mit dem Blick auf das Leiden Jesu auch für unsere eigenen Leidenswege lernen – damit wir im Leiden wachsen können und nicht kleiner werden – ähnlich wie sich im berühmten „Brief an die Verbannten", der im Buch des Propheten Jeremia enthalten ist und sich an das leidende Volk im Exil richtet, die starke Botschaft findet: Ihr seid im Exil. Ihr seid in der Fremde. Ihr leidet. Und gerade in diese Situation will euch der liebe Gott sagen: „Baut Häuser und wohnt darin, pflanzt Gärten, und esst ihre Früchte! Nehmt euch Frauen, und zeugt Söhne und Töchter ... Ihr sollt euch dort vermehren und nicht vermindern" (Jer 29,5f). Wenn wir leiden und krank sind, dann fühlen wir uns im Exil, in der Fremde. Und auch hier gilt dieses Wort, dass wir eingeladen sind, zu wachsen, eingeladen sind, zu „bleiben" in der Krankheit, ihr nicht zu entfliehen. Denn über allem steht das Vertrauen in die Zusage Gottes, wie sie auch der Prophet Jeremia ausdrückt: „Denn ich, ich kenne meine Pläne, die ich für euch habe ... Pläne des Heils und nicht des Unheils; denn ich will euch eine Zukunft und eine Hoffnung geben" (Jer 29,11).

9. Brechen und Aufbrechen

Das eben angesprochene Leiden kann mit dem Bild des Zerbrechens verdeutlicht werden – die Gesundheit ist ein zerbrechliches Gut, das in Scherben fallen kann, manchmal so, dass wir die Scherben wieder zusammensetzen können, manchmal so, dass dies nicht möglich ist. Vieles in unserem Leben ist zerbrechlich – in einer Zeit des Nachdenkens über uns selbst sind wir in besonderer Weise dazu aufgerufen, uns dieser Zerbrechlichkeit zu stellen. Das Wort „brechen" kann uns viel zu denken aufgeben – ein Glas kann brechen oder auch „zerbrechen"; das Fasten kann gebrochen oder auch „durchbrochen" werden; ein Mensch kann mit Gesetzen brechen und damit etwas „verbrechen". Wenn etwas bricht, ist das immer ein Zeichen dafür, dass es so nicht weitergehen kann; dass ein Neuanfang notwendig ist.

Nicht von ungefähr verstehen wir eine Zeit der Umkehr, so wie es etwa die Fastenzeit ist, auch als eine Zeit des Brechens – des Brechens mit Gewohnheiten, die uns von Gott fernhalten oder gar immer weiter wegführen; das Brechen mit Vorstellungen, die unser Leben eng machen und uns unter Druck setzen. Dieses Brechen hat etwas Befreiendes an sich. Wir sehnen uns danach, aufzubrechen und auszubrechen. Und hier gibt es ein einfaches Geheimnis: Wir können tatsächlich einen Neuanfang setzen. Wir können tatsächlich unserem Denken eine neue Richtung geben. Wir können tatsächlich Schritte aus der Enge heraus machen, wenn wir lernen, anders zu denken, in unseren Gewohnheiten anders zu leben, kurz: uns auf Gott zu verlassen und Ihn um die Gnade eines Neuanfangs zu bitten.

Zerbrechlichkeit und Enge hängen miteinander zusammen. Leiden schränkt den Spielraum ein. Wenn wir uns in schwerer innerer Not befinden, wird es eng. Wir finden keinen Ausweg mehr, wissen nicht, wie es weitergehen soll, haben keinen Raum, uns zu bewegen. In solcher Lage rufen wir nach Freiheit und Befreiung. Wir fühlen uns von Ketten gehalten, die wir aufbrechen wollen. Wir fühlen uns wie in einem Gefängnis, aus dem wir keinen Ausweg wissen. Was kann dieses Gefängnis sein? Worin kann unsere Gefangenschaft bestehen? Auch das ist eine gute Übung, sich diese Frage zu stellen: Was macht unser Leben eng? Was hält uns gefangen? Was sind die Ketten, die uns niederdrücken? Woran leiden wir? Und warum legt uns dieses Leiden in Ketten?

Wir können viel über das Aufbrechen lernen, wenn wir uns einen Abschnitt aus dem Neuen Testament ansehen: Im zwölften Kapitel der Apostelgeschichte wird die wunderbare Befreiung des Petrus aus dem Gefängnis erzählt (Apg 12,5–18). Sehen wir uns diese Schilderung genauer an: Der Rahmen der Erzählung ist das Beten der Gemeinde. „Die Gemeinde aber betet inständig für ihn zu Gott“ (Apg 12,5), lesen wir am Anfang der Schilderung, die zum Gebet versammelte Gemeinde finden wir nach der Befreiung des Petrus (Apg 12,12). Hiermit ist deutlich die Kraft des Gebets angesprochen, die Kraft, die dadurch entsteht, dass Menschen füreinander beten. Füreinander beten ist eine Form des Apostolats, eine Form des Dienstes. Es tut gut, in Zeiten der Not, um Menschen zu wissen, die beten.

Petrus schläft in der Nacht im Gefängnis. Er ist mit Ketten gefesselt und wird streng bewacht. Er schläft zwischen zwei Soldaten, weitere Posten bewachen die Kerkertür. Petrus kann sich nicht bewegen. Er schläft. Der Schlaf des Petrus könnte Zeichen für die Apathie sein, der wir in Zeiten der Krise mitunter ausgeliefert sind. Gefangen zu sein ist oft auch ein Zustand der Erschöpfung. Gleichzeitig sehen wir, wie festgenagelt Petrus ist, wie unwahrscheinlich – nach menschlichem Ermessen: unmöglich – seine Befreiung ist. Plötzlich tritt ein Engel des Herrn ein, unvermittelt und unvermutet. Gott schickt Hilfe, wenn wir sie brauchen – vielleicht nicht dann, wenn wir sie erwarten würden. „Ein helles Licht strahlte in den Raum“: Mit dem Kommen des Herrn verwandelt sich der dunkle Raum in Licht. Es ist derselbe Raum, aber die Gegenwart eines Boten Gottes kann diese Dunkelheit in Licht verwandeln. Petrus schläft immer noch. Gott hat den Raum, in dem Petrus gefangen ist, längst in Licht getaucht und in Helligkeit verwandelt, doch Petrus schläft immer noch. Das Licht hat ihn nicht geweckt. Was wird damit wohl ausgedrückt?

„Der Engel stieß Petrus in die Seite und weckte ihn.“ Hier ist ein Moment von Gewalt ausgedrückt, der Engel stößt Petrus in die Seite, erschüttert ihn, rüttelt ihn auf.

Auf diese Weise wird Petrus geweckt. Menschen, die tief schlafen, einen Schlaf der Erschöpfung oder der verzweifelten Flucht, müssen kraftvoll geweckt werden. Wir können uns vorstellen, dass dies sehr unangenehm ist. Mitten in der Nacht unerwartet aus dem Schlaf gerissen zu werden, ist eine Erfahrung von Grobheit und Gewalt. Je tiefer der Schlaf, desto größer der erforderliche Gewalteinsatz. Je tiefer wir in eine Krise hineinrutschen, je größer die mit der Krise einhergehende Trägheit ist, die um sich greift und von uns Besitz nimmt, desto härter auch die nötigen Gegenmittel, um aus der inneren Not wieder emportauchen zu können. Je tiefer die Enge in uns um sich greift, umso größer die Not, umso entscheidender die Kraft der Befreiung.

Der Engel sagt zu Petrus: „Schnell, steh auf!" Petrus ist Inbegriff von Not – gefesselt und bewacht, eingesperrt, niedergestreckt, schlafend in der Nacht. Der Engel erleuchtet den Raum und heißt Petrus aufstehen. Ein wichtiger Schritt auf dem Weg zur Befreiung: Aufstehen. Sich aufrichten. Nicht mehr in sich gekrümmt am Boden liegen. Petrus steht auf. „Da fielen die Ketten von seinen Händen." Der erste Schritt zur Befreiung ergibt den nächsten Schritt. Wer die Kraftanstrengung des Aufstehens nicht scheut, wird Ketten los, die ihn zurückgehalten haben. Die Ketten fallen, wie es die Schilderung haben will, „von selbst" von Petrus' Händen, ohne sein Zutun.

Der Weg zur Befreiung, der Weg zur inneren Freiheit ist nicht ein Weg, auf dem wir jeden Schritt selbst machen müssten. Wir werden erleuchtet und geweckt, folgen wir dem Ruf, fallen Ketten von selbst aus. Dies ist die Erfahrung von Starr Daily, einem Schwerverbrecher in den USA der 1920er Jahre, der in der Todeszelle nach schwerer Folter ein mystisches Erlebnis hatte und durch die Entscheidung für den Weg der Liebe Schritt für Schritt an Lebensboden gewonnen hat, Stück für Stück befreit wurde von den Fesseln, die ihn knechteten.

Diese Dynamik, dass ein Schritt dem anderen folgt, erlebt auch Petrus in seiner Befreiung: Der Engel gibt Petrus weitere Weisungen und fordert ihn auf, sich zu gürten und die Sandalen anzuziehen. Petrus soll sich also auf einen Weg vorbereiten, soll sich reisefertig machen. Befreiung aus innerer Not hat damit zu tun, dass wir bereit sind, zu gehen, dass wir uns auf einen Exodus vorbereiten, auf einen Auszug aus Gewohntem. Gewohntes – das kann das äußerliche Vertraute sein, das kann aber auch die Gewohnheiten betreffen, die unser Leben prägen und bestimmen. Aristoteles hat solche lebensformprägende Gewohnheiten „Habitus" genannt. Eine Änderung der Gewohnheiten kann auch zu einer Wandlung des Inneren führen, ähnlich wie sich eine Erneuerung des Denkens in neuen Lebensgewohnheiten niederschlagen wird.

Petrus wird aufgerufen, sich auf einen Auszug, einen Exodus vorzubereiten. Petrus tut, wie ihm gesagt wird. Er gehorcht, hört also auf die Stimme, und er handelt. Befreiung ist keine passive Erfahrung des Befreitwerdens, der Prozess der Befreiung schließt ein Hören und ein Tun ein, ein Offensein und ein Tätigsein. Die Handlungen des Gürtens und Sandalenanziehens sind alltägliche Handlungen, es sind keine außergewöhnlichen Taten, die Petrus hier vollbringt. Er wird also nicht aufgerufen, etwas zu tun, was seinem Leben und seinem Wesen fremd wäre. Es sind vertraute Handlungen, die er wohl beherrscht. Sie erscheinen nun aber, im Kontext der Nacht und der Gefangenschaft, außergewöhnlich, werden zu Schritten auf dem Weg zur Befreiung. Wenn wir uns in einer inneren Gefangenschaft befinden, so könnten wir dies so verstehen: Wir sind aufgerufen, jene Handlungen zu setzen, die wir auch setzen, wenn wir „hinaus" gehen, wenn wir uns öffnen, wenn wir einen Neuanfang wagen.

Der Engel fordert Petrus auf, sich seinen Mantel umzuwerfen und ihm zu folgen. In Zeiten der Not sind wir in besonderer Weise gerufen, Gottes Weisung zu folgen, den Weg zu gehen, den uns die Boten Gottes nahelegen. Der Engel spricht zu Petrus ausschließlich in Aufforderungen. Das ist auffallend. Er erzählt nicht, gibt keine Gründe an, diskutiert nicht mit Petrus. Die Sprache des Engels ist die Sprache klarer Aufforderungen. Und Petrus folgt diesen Aufforderungen. Er stellt keine Fragen, sondern handelt. Nicht das Grübeln, sondern das gehorsame, kraftvolle Tun bringen uns aus einer inneren Notlage, die uns gefangen sein lässt wie in einem dunklen Kerker, heraus.

Petrus wirft seinen Mantel um, schützt sich damit vor dem, was in der Freiheit auf ihn wartet – Kälte zum Beispiel oder Nässe. Der Mantel sagt aus, dass das Leben in Freiheit nicht unbedingt ein einfaches Leben ist, ein Leben, das keine Schwierigkeiten mehr böte und keine Situationen mehr mit sich bringen würde, die auch Schutz erforderlich machten. Petrus wirft sich seinen Mantel um und ist damit gewappnet für den schwierigen Weg, den Weg, der in die Freiheit führt, und den Weg, der in Freiheit zu gehen ist. Auch das scheint eine wichtige Lektion zu sein – wenn wir uns schwach und gefesselt fühlen, erscheint uns der Weg in der Freiheit mitunter als ein Weg ohne Hindernisse, als eine breite, glatte Straße. Damit sollen wir aber nicht rechnen. Der Weg, den Petrus in der weiteren Folge in der Freiheit zu beschreiten hat, ist ein guter Weg, ein Weg, der ihn weiterbringt, ein Weg, der ihn eine Mission erfüllen lässt, aber gleichzeitig ein schwieriger Weg, ein Weg, der Anstrengungen und Mühen erfordert, Opfer und Arbeit.

Petrus wirft sich also seinen Mantel um, um der Welt der Freiheit nicht schutzlos gegenüberzustehen. „Dann ging der Engel hinaus und Petrus folgte ihm." Das Motiv des Hinausgehens ist ein mächtiges Motiv der Literatur über Befreiung: hinauszuziehen aus Gefangenschaft, eine Wüste zu durchschreiten, einen engen Raum zu verlassen. Petrus verlässt den engen Raum seiner Gefangenschaft, nicht eigenmächtig, sondern weil er jemandem folgen kann, nicht nur einer Stimme, sondern auch jemandem, der ihm den Weg zeigt. Aus diesem Grunde scheint es in Zeiten einer Krise auch wichtig zu sein, sich an denjenigen zu orientieren, die durch eine Krise gegangen sind, die einen Weg durch eine Wüste kennen.

Petrus findet den Weg in die Freiheit in der Nachfolge. Wir lesen weiter, dass Petrus dem Engel folgte, „ohne zu wissen, dass es Wirklichkeit war, was durch den Engel geschah; es kam ihm vor, als habe er eine Vision.“ Die Grenzen zwischen Wirklichkeit und Unwirklichkeit verschwimmen, werden in der befreienden Erfahrung des Petrus neu definiert. Wir unterschätzen gerne die Wirkmächtigkeit Gottes, die Wirklichkeit Gottes in unserem Leben. „Sie gingen an der ersten und an der zweiten Wache vorbei und kamen an das eiserne Tor, das in die Stadt führt; es öffnete sich ihnen von selbst.“

Der Weg in die Freiheit ist gefährlich, aber die Nachfolge lässt alles gut werden. Petrus kommt vorbei an den Mächten, die ihn fesseln und binden wollen. Diese Mächte schlafen wohl. Es ist auffallend, dass die Mächte, die uns fesseln und binden, schlafen und schwach sind, wenn wir wachen und stark werden. Diese Kräfte sind wie gelähmt, während wir gehen, während wir uns auf die Freiheit hinbewegen. Die Lektion ist deutlich: Der größte Fehler, den wir in einer inneren Not machen können, besteht darin, uns zu verschließen, uns in uns selbst zurückzukrümmen. Wenn wir uns lähmen lassen, gewinnen die Kräfte, die uns fesseln, unschwer die Oberhand. Wenn einmal der Weg in die Freiheit angetreten ist, lassen sich Hindernisse überwinden, mühelos. Das eiserne Tor öffnet sich von selbst. Ist einmal der erste Schritt getan, ergibt sich vieles von selbst. Die größte Anstrengung ist die Mühe des ersten Schritts, die Anstrengung des Aufstehens und Anfangens.

Das große Tor, durch das Petrus gehen muss, führt in die Stadt hinein. Es führt also nicht weg von den Menschen, sondern mitten hinein in die Gemeinschaft der Menschen. Eine Befreiung bereitet also vor auf eine Mission, so scheint es, auf einen Dienst. Die Befreiung, von der hier die Rede ist, ist nicht eine Befreiung um ihrer selbst willen, sondern eine Befreiung mit einem klaren Ziel vor Augen, und dieses Ziel hat mit dem Dienst gerade an der menschlichen Gemeinschaft zu tun. So geht denn Petrus weiter zur betenden Gemeinde und nimmt seinen Dienst wieder auf.

„Da kam Petrus zu sich." Diese Worte deuten an, dass Petrus nach getaner Befreiung nun auf eigenen Füßen stehen kann. Petrus kann rückblickend, nach seiner Befreiung seinen Weg in die Freiheit deuten und einordnen. Sobald er das, was ihm widerfahren ist, einordnen kann, sucht er seine Gemeinschaft auf. Seine Freiheit macht ihn wieder fähig, Gemeinschaft und Freundschaft zu leben und Dienst an den Menschen auszuüben: „Sobald er sich darüber klar geworden war, ging er zum Haus der Maria." Petrus wird nun auch klar, welcher Gefahr er entronnen ist, welche Mächte gegen ihn standen und seine Vernichtung erhofften.

Diese Schilderung einer Befreiung enthält viele Lektionen über unser eigenes Freiwerden und kann auch symbolisch gelesen werden, als Erzählung über das innere Freiwerden, das Losgehen aus einem inneren Gefängnis, in das uns unsere starren Vorstellungen, unser Neid, unser übertriebener Ehrgeiz, unser Hang, uns ständig mit anderen Menschen zu vergleichen, geführt haben. Es ist die Geschichte eines Aufbruchs, die uns daran erinnert, dass wir Menschen immer wieder einen Neuanfang setzen können.

Die Aufforderung, aufzubrechen, ist ein Motiv, das sich durch die Heilige Schrift zieht. Die Bibel ist voller Berufungs- und Aufbruchsgeschichten. Gott ruft mit der Stimme der Sehnsucht im eigenen Herzen, im Anruf anderer Menschen, im Geheimnis seines unmittelbaren Wirkens. In der Geheimen Offenbarung heißt es: „Ich stehe vor der Tür und klopfe an. Wer meine Stimme hört und die Tür öffnet, bei dem werde ich eintreten …“ (Offb 3,20). Ein Musterbeispiel der Berufung ist Abraham, der Vater aller Glaubenden, der in die Unsicherheit der Fremde gerufen wird. Er kann sie nur im Glauben an die Verheißung und die Treue Gottes bestehen.

Wenn Gott ruft, erwartet er eine Antwort. Das zeigt sich deutlich in der Berufung Samuels (vgl. 1 Sam 3). Samuel stellt sich zur Verfügung. Er sagt: „Hier bin ich!“ Zugleich drückt Samuel seine Bereitschaft aus: „Rede, Herr, dein Diener hört!“ Nicht selten gibt es in den Berufungsgeschichten der Bibel Einwände, die der Berufene vorbringt: Ich bin zu jung, ich kann nicht reden, ich bin ein Sünder. Gottes Antwort lautet beim Propheten Jeremia: „Sag nicht: Ich bin noch so jung. Wohin ich dich auch sende, dahin sollst du gehen, und was ich dir auftrage, das sollst du verkünden. Fürchte dich nicht vor ihnen; denn ich bin mit dir, um dich zu retten“ (Jer 1,7f).

Jesus ruft die Apostel, damit sie bei ihm seien und er sie sende. Jesu Ruf wendet sich an alle. Christsein bedeutet Hinkehr zu Jesus. Jesus ruft in die Jüngerschaft und Nachfolge. Im Lukasevangelium (10,1–2) lesen wir: „Danach suchte der Herr zweiundsiebzig andere aus und sandte sie zu zweit voraus in alle Städte und Ortschaften, in die er selbst gehen wollte. Er sagte zu ihnen: Die Ernte ist groß, aber es gibt nur wenig Arbeiter. Bittet also den Herrn der Ernte, Arbeiter für seine Ernte auszusenden." Der Herr sucht, er beruft, er erwählt, er sendet. Es ist seine Ernte! Jede christliche Berufung ist Berufung zum Dienst und damit Berufung zu einem Aufbruch. John Henry Newman hat an einer Stelle gesagt, dass wir uns die Vorsehung nicht als eine anonyme Lawine vorstellen dürfen, die gleichsam alle zusammen betrifft, aber niemanden im Einzelnen. Wir sollten den Mut haben, ernsthaft und aufrichtig zu glauben, dass Gott jeden einzelnen Menschen ruft, jede und jeden von uns persönlich meint, dich und mich in einer je persönlichen Weise zum Aufbrechen beruft.

Wenn wir sagen: „Jeder Mensch zählt", „jeder Mensch ist wichtig", „jeder Mensch hat seinen Platz" – so meinen wir das von unserem Glauben her nicht einfach metaphorisch, sondern wir glauben tatsächlich, dass Gott jeden Menschen ruft, einen Platz für jeden Menschen hat. Wenn wir im Evangelium davon lesen, dass Johannes der Täufer aufgetreten ist als die Stimme eines Rufenden in der Wüste (Lk 3,2–6), so sehen wir, dass das Aufbrechen auf Gott hin immer auch ein Vorbereiten der Gegenwart Gottes, ein Bereiten des Weges

Gottes hin zu den Menschen ist. Keine Frage: Der Ruf Gottes ergeht leise; er ergeht an uns, wenn wir diesem Ruf Raum geben; Raum geben in der Wüste, Raum geben durch die Stille, die wir halten, die Stille am Anfang und am Ende eines Tages. Der Ruf Gottes ergeht an Johannes und er zieht aus seinem Wohnort fort, er verändert sich, er macht sich auf, er setzt sich in Bewegung: Wer den Ruf Gottes hört, bleibt nicht stehen, bleibt nicht sitzen, sondern ist unterwegs, zieht fort, beginnt neu, hat die Kraft, aufzubrechen.

10. Erneuerung des Denkens

Ein Neuanfang ist in erster Linie eine Erneuerung des Denkens, eine Erneuerung der Weise, die Welt, uns selbst, die anderen Menschen, unsere Beziehung zu Gott zu sehen. Maßstab dieser Erneuerung des Denkens ist der neue Blick auf Gott. So drückt es auch der Apostel Paulus im Römerbrief aus: „Wandelt euch und erneuert euer Denken, damit ihr prüfen und erkennen könnt, was der Wille Gottes ist“ (Röm 12,2). Dies bedeutet, die Welt so zu „lesen“, dass wir Gottes Handschrift darin entdecken können – und das heißt vor allem auch: hören.

Still werden und dem Wirken Gottes Raum geben. Paulus lädt uns ein, unsere Gedanken zu erneuern, damit wir einsehen, was Gott gefällt, was gut und vollkommen ist. Wir können uns tatsächlich unser Leben als eine Einladung vorstellen, so zu leben, dass Gott lächeln kann – dass Gott sich freuen kann, weil wir über unseren Egoismus hinauswachsen, Menschen der Selbsterneuerung werden, die immer wieder neu anfangen.

Eine Erneuerung des Denkens hängt auch mit den Gedanken zusammen, die wir denken, mit den Büchern, die wir lesen, und den Gesprächen, die wir führen. Unsere Seele wird geprägt von den Erfahrungen, die wir machen, auch von den Leseerfahrungen, den Erfahrungen mit Büchern. Deswegen ist das regelmäßige Lesen in der Heiligen Schrift so wichtig. Hier kommt auch das ins Spiel, was man „Bildung“ nennt –

Herzensbildung und auch Bildung des Verstandes. „Bildung" hat ein aktives Moment (des Formens) und ein passives Moment (des Geprägtwerdens) – wenn ich mich dafür entscheide, die Apostelgeschichte gründlich zu studieren, dann ist diese Entscheidung ein aktives Moment; aber durch das Lesen und Sichvertiefen werde ich auch geformt und gebildet, das ist dieses passive Moment. Und dieses Geformtwerden kann ich nicht kontrollieren, da geschieht etwas mit mir. Der Begriff der „Bildung" ist ein wichtiger Begriff für alle, die sich auf den Weg der Selbsterneuerung machen. Es geht auch darum, mit lieb gewonnenen Denkgewohnheiten zu brechen, immer wieder neu sich zu orientieren, zu versuchen, die Dinge auch von einer anderen Warte aus zu sehen. Dazu ist das „Abenteuer Bildung", wo wir uns auf Gespräche und Bücher einlassen, eine große Hilfe.

Ein gebildeter Mensch kann über das Leben als Ganzes nachdenken. Der bekannte italienische Journalist Tiziano Terzani zum Beispiel hat in seinen Gesprächen mit seinem Sohn Folco schön gezeigt, wie man über das Leben als Ganzes nachdenken kann, was es auch heißt, mit wachen Augen und lernfreudigem Herzen durchs Leben zu gehen, sich in andere Menschen hineinzuversetzen. Diese Fähigkeit (manchmal Vorstellungskraft genannt) ist überhaupt entscheidend. Bildung ist die Fähigkeit, Dinge von einem anderen Standpunkt aus zu sehen, hat Hegel einmal geschrieben. Das ist ein schöner Gedanke. Bildung versetzt in die Lage, Abstand zu nehmen von den eigenen, lieb gewonnenen Überzeugungen, über sich selbst nachzudenken, die eigene Position mit anderen Standpunkten in Beziehung zu setzen. Wenn ich weiß, dass es Alternativen zu meinem Standpunkt gibt, dann werde ich vorsichtiger und bescheidener mit meinen Geltungsansprüchen sein.

Bildung hat damit zu tun, Dinge einordnen zu können. Bildung schafft, so könnte man sagen, ein Bezugssystem. Wenn ich Shakespeare ein wenig kenne, vermag ich Theaterstücke besser einzuschätzen, kann ich mir lebhafter vorstellen, welche Kraft Gefühle entwickeln können, bin ich eher imstande, eine Kultur des Wortes zu achten und zu pflegen. Bildung hat mit Weite des Geistes zu tun, ein Gedanke, der dem englischen Kardinal John Henry Newman, der an der Gründung der Katholischen Universität Dublin im 19. Jahrhundert maßgeblich beteiligt war, besonders wichtig war: Diese Weitung des Geistes bedarf der Fähigkeit, „viele Dinge mit einem Blick als eine Gesamtheit zu sehen, ihnen einzeln den rechten Platz im Gesamtsystem anzuweisen, sie in ihrem jeweiligen Wert zu erkennen und den Grad der gegenseitigen Abhängigkeit zu bestimmen", schreibt Newman in seinem Buch über das Wesen der Universität. Diese Weite des Geistes „lässt jedes Ding irgendwie mit jedem andern in Verbindung stehen".

Einen weiteren schönen Gedanken verdanken wir dem Philosophen Wilhelm Dilthey: Bilden ist eine Tätigkeit und diese Tätigkeit formt die Seele. Schon Leibniz hat sich überlegt, was eine „schöne Seele" ausmacht, und er hat sich das so vorgestellt, dass eine schöne Seele die Kräfte bündelt und ein feines Gespür für das Richtige entwickelt hat. Dieses Gespür für das Richtige zeigt auch, dass es bei einer Erneuerung des Denkens mehr als nur um die Wahl der rechten Lektüre geht: Hier haben wir es mit Herzensbildung zu tun. Nur ein Mensch mit Herzensbildung kann mit anderen Menschen in ein echtes Gespräch treten.

Ein gebildeter Mensch ist nie allein, hat ein Philosoph einmal gesagt, er hat immer Gesprächspartner bei sich – die Theorien, die er gelernt hat, die Bücher, die er gelesen hat, die Gedichte, die er auswendig kennt. Das Wort „auswendig lernen“ („learn by heart“ im Englischen) deutet darauf hin, welcher Wert darin liegt, etwas so tief gelernt zu haben, dass es wirklich eindringen kann. Aus diesem Grund schlagen manche geistliche Lehrer vor, dass wir jeden Tag einen Vers aus der Heiligen Schrift auswendig lernen sollten, um dadurch unsere Seele zu prägen und unsere Gedanken zu erneuern. Der Reichtum der Schrift ist ja nicht nur ein intellektuelles Gut, sondern Ausdruck der Suche nach dem Willen Gottes, der sich in der Heiligen Schrift spiegelt.

Die Kunst, neu anzufangen, ist also vor allem auch die Kunst, unser Denken zu erneuern, zu wissen, dass die Wahrheit viel größer ist als das, was unsere begrenzten Verstandesgefäße fassen können. Das Gegenteil einer tiefen Wahrheit kann nach einem Wort von Kardinal Newman wieder eine tiefe Wahrheit sein. „Erneuert euren Geist und Sinn“, ruft uns der Epheserbrief zu (Eph 4,23). Das ist eine Aufforderung, uns auch zu fragen, aus welchen Überzeugungen wir schöpfen, was die Grundüberzeugungen sind, die das Fundament unseres Lebens bilden. Glauben wir tatsächlich an die Gegenwart des lebendigen Gottes? Glauben wir tatsächlich an die Menschwerdung Gottes in Jesus Christus? Glauben wir tatsächlich an die Vorsehung Gottes, die unser Leben führen und leiten kann? Hier sind Gespräche – Gespräche mit der Schrift, Gespräche mit einer geistlichen Begleiterin oder einem geistlichen Begleiter, Gespräche mit Büchern, die wir lesen, Gespräche mit Filmen, die wir sehen – ganz wichtig. Ein gutes Gespräch ist unabschließbar und so wissen wir dann auch, dass der Weg der Selbsterneuerung ein Weg ist, der nicht zu einem Ende kommt.

Ein schönes Bild für die Erneuerung des Denkens stellt die Tempelreinigung dar, wie sie etwa im Johannesevangelium geschildert wird (Joh 2,13–22). Unsere Seele soll ja ein Tempel sein, in dem Gott wohnen kann. Das ist ein besonderer Ort – ähnlich wie eine Kirche ein besonderer Ort ist. Eine Kirche ist ein Gotteshaus. Will heißen, ein Ort, an dem wir in besonderer Weise Gott begegnen – ein Haus, in dem viel gebetet wird. Jedes Gebet schlägt sich in den Wänden, in den Mauern, in der Atmosphäre nieder. Eine Kirche ist ein Haus, in dem viel gebetet wird und das dadurch gesegnet ist. Corrie ten Boom, die holländische Christin, die gemeinsam mit ihrer Schwester Betsie in das Konzentrationslager Ravensbrück eingeliefert worden war, weil sie Juden versteckt hatten, erzählt in ihrem Lebensrückblick, dass Betsie in der Baracke sagte: „Wir müssen hier viel beten; diese Baracke ist leer und schal und furchterregend, weil hier nicht gebetet wird.“ Eine Kirche ist ein Ort, an dem gebetet wird. Das gilt auch für unsere Seele, die wir reinigen müssen, damit Gott darin wohnen kann. Und das ist ernst.

Bei der Reinigung des Tempels erleben wir Jesus ernst und entschieden, kraftvoll und vielleicht auch ein wenig grob. Er möchte wohl zeigen, dass Gott nur dann in einem Tempel sein kann, wenn er Raum hat, wenn wir Platz machen für Gott – und das können wir nur, wenn wir leer werden. Gott kann nichts in volle Hände legen. Jesus zeigt auch, was es vor allem ist, das Gott Raum nimmt – die Gier nach Geld, nach Geschäft, nach Gewinn. Jesus zeigt das sehr deutlich, und er sagt damit: Ihr müsst euch entscheiden, ihr könnt nicht zwei Herren dienen – oder auch: wo Gott wohnen soll, da kann keine andere Macht geehrt werden. Das gilt für unser Herz, das gilt für unsern Leib und das gilt für unsere Kirche.

Menschen, die immer wieder neu anfangen können, sind Menschen, die mit sich allein sein können. Es ist schon eine Kunst, mit sich allein zu sein. Und es ist noch mehr Kunst, dieses Alleinsein nicht um jeden Preis „füllen“ zu wollen, mit Lesen oder Arbeiten oder Fernsehen. Dieses „leere Alleinsein“ brauchen wir immer wieder, um die Fülle zu erahnen, um mit Gott allein zu sein. In seinen *Essais* hat Michel de Montaigne viel über die Innerlichkeit nachgedacht – Essai 39 im ersten Buch handelt von der Einsamkeit; hier können wir von Montaigne lernen, dass wir die Seele immer mit uns mitnehmen (wir also nicht von uns selbst weglaufen können), dass wir uns innere Reichtümer durch gereinigte Vorstellungen schaffen sollen, dass die Seele die besondere Gabe hat, sich selbst Gesellschaft zu leisten, (und dass wir auch die Fähigkeit einer Freundschaft mit uns selbst pflegen sollten), dass es eines eigenen Raums bedarf, um regelmäßig das Seelenleben zu pflegen.

Wir wollen Menschen der Selbsterneuerung sein, die ihr Denken erneuern, damit Gott in uns wohnen kann, damit Gott Sein Zelt aufschlagen kann unter uns – damit es „Weihnachten“ werden kann in unseren Herzen. Weihnachten ist eine einzigartige Einladung zur Selbsterneuerung. So heißt es im Buch Jesaja (62,1–5), dass wir mit „neuem Namen“ gerufen werden. Gott will konkret werden, will Fleisch werden, will uns damit neu machen, unser Herz, unser Leben. Gott kommt in unser Leben, Gott kommt in unser Herz. Und wie geschieht das? Gott kommt im Stillen, im Kleinen, im Verborgenen, gewissermaßen auch in der Nacht der Seele, wenn es dunkel ist. Kardinal Martini hat ein schönes Buch geschrieben mit dem Titel *Auch die Seele kennt Tag und Nacht*. Und da spricht er von der Finsternis der Seele, die sich verlassen fühlt, im Dunkeln wähnt. Gerade in solchen Momenten, in denen wir innehalten und uns ohnmächtig fühlen, kann Gottes Gegenwart mächtig wirksam werden. In einer stillen Nacht, in einer Nacht, die durch Gottes Gegenwart zu einer heiligen Nacht wird. Gott kommt in unser armseliges Herz. Armselig wie ein Stall. Armselig auch, weil Gott schon oft angeklopft hat an unsere Herzen und wir die besten Plätze unseres Herzens, die Plätze der Herberge, für unseren Materialismus und unsere Ichsucht reserviert haben. Wir sollten den Mut haben, diesen Gedanken zu denken: Gott will in unserem Herzen wohnen. Aber wir müssen ihm aufmachen. Er schleicht sich nicht wie ein Dieb in der Nacht in unsere Seele, sondern klopft an, klopft an die Türe. Die Enttäuschung, die Maria und Josef bei ihrer Herbergssuche erfahren haben, ist auch die Enttäuschung, die wir Gott bereiten, der uns immer wieder ruft, der immer wieder anklopft.

Wir dürfen glauben, dass Gott immer wieder an unsere Tür klopft, immer wieder zu uns spricht durch unsere Erfahrungen, durch das, was uns widerfährt. Gott will in unserem Herzen geboren werden und damit neues Leben in unserem Herzen erwecken. Ein Leben, das klein beginnt, ein kleiner, schwacher Anfang. Ein Beginn, der gehegt und umsorgt werden will wie ein neugeborenes Kind in der Krippe. Wenn wir neue Freundschaft, innige Gemeinschaft mit Gott suchen, dann müssen wir darauf so viel Mühe verwenden wie für ein Neugeborenes, das unseren ganzen Alltag bestimmt und unser ganzes Leben neu ausrichtet. Dieser Neuanfang ist auch tatsächlich möglich – mit einer Erneuerung des Denkens. Es ist eine große Kunst, sich stets in Gottes Gegenwart zu wissen; es ist eine Kunst, um die wir uns bemühen können, bitteren Gedanken keinen Raum zu geben; den Blick nach oben zu wenden. In der Heiligen Schrift finden wir manchmal den Himmel offen stehen. Und da fällt auf, wie mühelos das geschieht: Jakob sieht den Himmel offen, als er schläft (Gen 28,12); der Himmel öffnet sich, als Johannes zulässt, dass Jesus getauft wird; Stephanus sieht den Himmel offen, als er den Blick emporhebt (Apg 7,55) – das ist ein tröstlicher Gedanke: Wir werden den Himmel offen sehen, wenn wir den Blick nach oben richten, auf Gott hin. Es ist eine gute Übung, sich mehrmals am Tag fest vorzunehmen, den Blick auf Gott zu richten; mitten im Tag, immer wieder. Es ist eine gute Übung, Gott Raum zu geben im eigenen Leben. Und es ist eine gute Übung, das eigene Denken mit guten Gedanken zu nähren – gerade auch mit dem göttlichen Wort.

GEBEN UND VERGEBEN

11. Von Jesus lernen

Die Kunst, neu anzufangen, verlangt nach einem Wissen um die Richtung, die wir einschlagen sollen. Wohin sollen wir uns bei einer Umkehr wenden? Was soll den Geist bei einer „metanoia“, einer Neuausrichtung, anleiten? Hier gibt es eine einfache Antwort: Der Blick auf Jesus zeigt den Weg an. Wenn wir nicht weiterwissen, dann ist ein Blick auf Jesus, wie er uns in der Heiligen Schrift begegnen kann, stets wohltuend, erhellend und ermutigend. Was hat Jesus gesagt? Wie hat Jesus gehandelt? Wie geht Jesus mit Menschen um? Wie betet Jesus? Auch wenn wir den Alltag bewältigen wollen, ist dieser Blick auf Jesus unsere erste Orientierungsquelle. Wir erkennen aus dem Evangelium, dass Jesus in einer Weise handelt und spricht, die Menschen eine Entscheidung abverlangt. Es sind keine leeren Worte, die man ignorieren könnte, keine folgenlosen Taten, über die man hinwegsehen würde. Nein, Jesus bringt die Menschen, mit denen er umgeht, in eine Entscheidungssituation, in der sie sich fragen müssen, wie sie ihr Leben ausrichten wollen.

Wir haben bisher vom Suchen und vom Durchbrechen gesprochen. Jesus leitet diese Suche an, schenkt Menschen die Sehnsucht nach Heil und Heilung und durchbricht immer wieder ihre Erwartungen. Immer wieder sehen wir, wie Jesus die Menschen überrascht. Jesus überrascht die Menschen durch sein Schweigen im Umgang mit der Ehebrecherin, er überrascht seine Gastgeber dadurch, dass er sich nicht die Hände wäscht, er überrascht durch seinen Umgang mit Außenseiterinnen und Ausgestoßenen, er überrascht die Schriftgelehrten durch seine Auslegung der Fastengebote, der Reinheitsgebote, der Sabbatgebote. Jesu Handeln erzeugt Furcht, weil „Unglaubliches" geschieht (Lk 5,26), Jesu Worte machen die Menschen betroffen (Mt 7,28), weil er „mit Vollmacht und Kraft" lehrt (Lk 4,36). Immer wieder durchbricht Jesus Erwartungen und den Rahmen des Gewöhnlichen und lädt zu einer lebendigen Entscheidung für die Beziehung zum lebendigen Gott ein. Auch für uns gilt diese Einladung zu einer Entscheidung für unsere Beziehung zu Gott. Und hier sagt uns Jesus etwas über ein einfaches Gesetz: Du musst geben, wenn du empfangen willst, du musst dich selbst geben, wenn du geben möchtest. Wer gewinnen möchte, muss hingeben; wer leben will, muss sterben. Das klingt wie schwer verdauliche Kost. Aber es ist doch verstehbar.

Wer nur auf den eigenen Vorteil bedacht ist, wer immer nur sich selbst sucht, wer immer nur an sich selbst denkt, der wird sich verlieren, denn durch das, was wir anderen geben, durch das, was wir an Bindungen eingehen, durch das, was wir an Dienst in unserem Leben zeigen, werden wir zu besonderen Menschen, deren Leben Tiefe und Bedeutsamkeit hat. Unser Leben wird tief und bedeutsam durch den Dienst, den es leistet. Die Suche nach einem Sinn unseres Daseins ist die Suche nach einem größeren Zusammenhang, in den wir unser Leben einbetten können. In der Katholischen Soziallehre finden wir den Gedanken, dass wir uns für das

Gemeinwohl einsetzen sollen, für das Wohl des Ganzen der Gemeinschaft, das über die Abwägung unserer individuellen Vorteile hinausgeht. Zu diesem Blick auf das, was über uns hinausgeht, lädt uns auch Jesus ein. Zuerst geht es um das Reich Gottes, alles andere folgt später (Mt 6,33). Jesus ist nicht gekommen, um sich bedienen zu lassen, sondern um zu dienen (Mk 10,45). Wir können von Jesus selbst lernen, was es heißt, dem Reich Gottes den ersten Rang einzuräumen: Es bedeutet, Zeit im Gebet zu verbringen; es bedeutet, Menschen zu heilen und zu nähren; es bedeutet, Gemeinschaft zu bilden und Gemeinschaft zu pflegen; es bedeutet, aus der selbstverständlichen Nähe Gottes heraus zu leben. Diese Nähe Gottes ist wohl das Entscheidende. Wir können von Jesus lernen, was es heißt, in inniger Freundschaft mit Gott zu leben, Tag für Tag. Die Freundschaft mit Gott ist das Kostbarste, sie will gepflegt werden.

Das Weihnachtsfest, an dem wir die Menschwerdung Gottes in Jesus Christus feiern, lehrt uns viel über diese Freundschaft: Gott wird Mensch – auf jene langsame, behutsame Weise, in der Leben wächst, leise und stetig. So wie auch eine Freundschaft wächst. Im *Kleinen Prinzen* von Antoine de Saint-Exupéry sehen wir, wie die Freundschaft zwischen dem Kleinen Prinzen und dem Fuchs langsam stärker wird und an Kraft zunimmt. Freundschaft heißt: einander vertraut werden; das braucht Regelmäßigkeit und Zeit; auf diese Weise wird das Gegenüber einzigartig und unersetzbar und auf diese Weise entsteht Verantwortung. So ist es auch mit der Freundschaft mit Gott, um die wir uns tagtäglich bemühen wollen. Diese Freundschaft bringt, wenn sie von Liebe getragen wird, Frucht. Zu Weihnachten denken wir an die Frucht von Gottes Freundschaft mit uns Menschen – das kleine Kind in der Krippe. Dieses Kind lehrt uns, dass Liebe sich im Kleinen und Schwachen zeigt und dass gerade im Kleinen und Schwachen eine ungeheure Kraft liegt.

In Zeiten, wo vieles entheiligt wird, erinnert uns Weihnachten daran, dass das Heilige das Schwache und Zarte ist, nicht das Übermächtige und Angsteinflößende. Das Kindlein in der Krippe – erzählt von Heiligkeit. Rudolf Otto hat das Heilige in einem berühmten Buch beschrieben als „tremendum et fascinosum", als dasjenige, das uns anzieht und auch gleichzeitig zurückschrecken lässt; die Heilige Nacht lehrt uns, dass das Heilige das Kleine, das Behutsame, dasjenige ist, das Schutz braucht, und nicht das, das uns Angst macht mit seiner Majestät.

Jesus lehrt uns so viel über die Freundschaft zu Gott, vor allem: dass es sich um eine ganz persönliche Freundschaft mit einem ganz persönlichen Gott handelt. Gott ist in Jesus Christus Mensch geworden; und zwar ein bestimmter Mensch mit bestimmten Eigenschaften, hineingeboren in eine bestimmte Familie, in eine bestimmte Tradition. Gott ist Mensch geworden, nicht als fertiger Mensch, der als Erwachsener auf die Welt gekommen wäre, sondern als Kind, als Kind, das Schutz brauchte und abhängig war, angewiesen auf Sorge und

Obhut. Jesus war nicht ein „Mann ohne Eigenschaften“, sondern er hatte ganz bestimmte Charakterzüge.

Dieser Punkt scheint so bemerkenswert, dass hier noch etwas gesagt sein soll: Unsere Freundschaft mit Gott ist eine Einladung, die „Persönlichkeit Gottes“ zu erahnen, immer wieder, immer mehr. Gott ist nicht ein großer Automat im Weltall, der nach einem berechenbaren System funktioniert, das für alle Menschen gleich ist. Nein, wenn wir die Heilige Schrift aufmerksam lesen, werden wir sehen, dass Gott uns Menschen ganz verschieden behandelt; dass er auf je persönliche Weise in die Nachfolge ruft; dass er immer wieder überrascht und sich zu erkennen gibt. Er zeigt sich dem Propheten Elija als sanftes Säuseln (1 Kön 19,12); Er zeigt sich in einer überraschenden Weise, wie Er den Kampf des Gideon gegen die Midianiter anführt und Gideon einlädt, gegen jede menschliche Wahrscheinlichkeit allein auf Gott zu vertrauen (Ri 7); Er zeigt sich dem Schadrach, dem Meschach und dem Abed-Nego in einer wunderbaren Errettung (Dan 3) und zeigt sich auch im Traum und in der Nacht (dem Jakob: Gen 28,12; dem Gideon: Ri 7,9). Wir wissen von großen Persönlichkeiten des geistlichen Lebens, dass sie ihren Weg als einen persönlichen Weg mit dem je größeren, aber persönlichen Gott erfahren haben. Dann hat die Freundschaft mit Gott Gemeinsamkeiten mit der Freundschaft mit einem Menschen – wenn wir mit einem Menschen befreundet sind, lernen wir unseren Freund immer tiefer und besser kennen, seine Persönlichkeit, seine Charakterzüge, seine Hoffnungen und

Sorgen. Wir erkennen in einer Freundin immer tiefer ihre Unverwechselbarkeit und Einzigartigkeit. Und so ist es auch mit der Freundschaft mit Gott: Wir erkennen aus der Heiligen Schrift, aus dem Gebet, aus der Eucharistie, aus dem Gemeinschaftsleben, aus unseren Erfahrungen mehr und mehr die Lebendigkeit und Persönlichkeit unseres lebendigen und personalen Gottes. Wem diese Erfahrung geschenkt ist, der wird die Beziehung zu Gott als lebendige und wirklich abenteuerliche Freundschaft erleben.

Menschwerdung Gottes heißt: Nichts Menschliches ist Gott fremd. Menschlich zu sein heißt, nicht immer nach der strengen Regel und dem allgemeinen Lehrsatz zu handeln, sondern immer auf das Besondere zu schauen. Eine Lehrerin handelt menschlich, wenn sie gegen die Regel einem Schüler nochmals eine Chance gibt. Ein Geschäftsmann handelt menschlich, wenn er angesichts der Not Schulden erlässt. Hier haben wir es mit dem Blick auf den besonderen Einzelfall zu tun. Die Menschwerdung Gottes und die Menschlichkeit Gottes bedeuten: Gott wird zu einem ganz besonderen Menschen in Jesus Christus. Gott ist Mensch geworden, ein Mensch aus Fleisch und Blut, eingetaucht in das menschliche Leben. Aus Fleisch und Blut zu sein – das heißt, verletzbar zu sein, anfällig auch für Gebrechen und Beschwerden, das heißt, mitfühlen zu können. Mit aller Intensität. Eine Mutter hat einmal bei einer Versammlung, wo man darüber gesprochen hat, wie schwer es doch sei, in unserer Zeit Kinder aufzuziehen, gesagt: „Wir hätten ohne Kinder nie so sehr gelacht, nie so sehr geweint, uns nie so sehr geärgert, uns nie so sehr gefreut" – das ist Fleischwerdung. Mit aller Konkretheit und aller Intensität.

Jesus ist nicht jenseits unserer Erfahrungen und Gefühle, sondern mitten im Menschsein, als Mensch, der besondere Gefühle hat und auch besondere Beziehungen unterhält. Jesu Freundschaft mit Lazarus war anders als seine Freundschaft mit Petrus, Jesu Freundschaft mit Martha war anders als seine Freundschaft mit Johannes. Wenn wir an einer berührenden Stelle im Johannesevangelium lesen: „Da weinte Jesus" (Joh 11,35), so wissen wir, dass Jesus erschüttert war, in einer Verwundbarkeit und Verletzlichkeit gelebt hat, sich rühren und berühren ließ. Jesus ist traurig, weil Menschen, die er liebt, traurig sind. Traurigkeit mutet uns zu, tief zu fallen, aus der Fülle des geschäftigen Lebens in die Leere einer Stille, die sich nicht zum Schweigen bringen lässt. Und in uns zu uns spricht. Jesus wehrt diese Trauer nicht ab. Er wehrt sich nicht mit dem Trost, dass der körperliche Tod nur ein begrenzter Tod ist. Jesus lässt den billigen Trost nicht zu, die billige Gnade. Wir haben nicht einen Gott, der nicht mitfühlen könnte mit unserer Schwäche, müssen wir doch hier mit dem Hebräerbrief (Hebr 4,15) sagen. Die Traurigkeit ist ein besonderes Geschenk der besonderen Liebe zu einzelnen Menschen.

Eben das können wir von Jesus lernen. Dass Gott für uns ein persönlicher Gott werden kann; dass jeder Mensch zu einem besonderen Menschen werden darf.

Dadurch wird es möglich, dass Jesus in einer Beziehung sich selbst gibt und nicht bloß äußere Gaben. Jesus zeigt uns durch das Beispiel seines Lebens, was es heißt zu geben und zu empfangen. Um noch ein abschließendes kleines Beispiel zu geben: Wir wissen, dass Teilen und Geben wichtig sind. Jesus zeigt uns aber auch, dass wir lernen müssen, zu empfangen. Der Evangelist Lukas schildert die Begegnung Jesu mit einer Sünderin (Lk 7,36–50). Sie tritt von hinten an Jesus heran, als er im Haus eines gesetzestreuen Pharisäers zum Essen eingeladen ist, und salbt ihn unter Tränen mit Öl. Der Pharisäer ist überzeugt, dass Jesus das nicht annehmen kann, doch Jesus lässt es zu und lässt es geschehen. Die Frau hat ihm ihre Liebe erwiesen und Jesus gibt ihr den Raum, dies zu tun. Er empfängt und freut sich darüber und macht dadurch diese Frau größer und heil. Im Johannesevangelium finden wir eine anderen Version dieser Geschichte (Joh 12,1–11). Auch hier lässt Jesus zu, dass ihn eine Frau mit kostbarem Öl salbt. Diesmal regt sich der Widerstand eines Jüngers, Judas Iskariot, der es für Geldverschwendung hält und in einer für uns durchaus nachvollziehbaren Weise sagt: „Warum hat man dieses Öl nicht für dreihundert Denare verkauft und den Erlös den Armen gegeben?" Auch gegen diesen Widerstand nimmt Jesus die Liebesgabe der Frau an. Die Liebe steht, so könnten wir sagen, über der Gerechtigkeit. Jesus sagt uns damit etwas über eine „Ethik des Empfangens". Nicht nur das Geben, auch das Empfangen ist eine Kunst, die mit Liebe geübt und gelebt werden will.

Jesus gibt sich selbst, auch wenn er empfängt. Und er zeigt uns auch im Geben, dass er sich selbst gibt. Denken wir an die Speisung des Volkes (Joh 6,31–35). Es ist die Schilderung einer wunderbaren Brotvermehrung. Jesus blickt auf und sieht die hungrige Menge. Aufmerksamkeit ist der erste Schritt des Gebens. Jesus dankt für das Brot. Dankbarkeit für das, was wir geben können, gehört auch dazu. Jesus teilt das Brot – eine Gabe wird mehr dadurch, dass sie geteilt wird. Das ist auch Teil des Mysteriums der Eucharistie. Jesus ehrt die eigene Gabe und lässt die Überreste einsammeln. Er hat „in Fülle" gegeben und geht dennoch achtsam mit der eigenen Gabe um. Hier zeigt sich eine „Ethik des Gebens". Dieser Blick auf Jesus hält uns wach, lässt uns aufmerksam werden, auch für die großen und kleinen Fragen des Alltags.

12. Evangelium und Ethik: Der gute Alltag

Wenn wir uns auf den Weg mit Gott machen und uns nach Gott hin ausrichten, sollten wir uns etwas vornehmen, was wir auch im Alltag durchhalten können. Es ist nicht sinnvoll, sich zu ehrgeizige Ziele für das geistliche Leben zu stecken und dann durch den Druck des Alltags mit seinen Belastungen und Unwägbarkeiten daran zu scheitern. Wir müssen realistisch sein, auch nüchtern – was können wir uns zumuten? Schaffen wir es, jeden Tag eine Viertelstunde mit Gott allein zu sein? Ist es realistisch, dass wir jeden Tag einen Vers in der Heiligen Schrift lesen? Ist es für uns machbar, dass wir in der Fastenzeit konsequent auf bestimmte Dinge verzichten?

Durch die treue Erfüllung der täglichen Pflichten wird die Seele gestärkt. Das lesen wir immer wieder in der geistlichen Tradition. Wir bewähren uns im Alltag. Jesus zeigt uns durch das Zeugnis seines Lebens, wie wichtig der Alltag ist. Zwanzig Jahre seines Lebens hat Jesus die Freundschaft mit Gott in der alltäglichen Arbeit eines handwerklichen Berufes gelebt. Es ist ja auch wirklich auffallend, dass die Evangelien uns den zwölfjährigen Jesus im Tempel und dann erst wieder den dreißigjährigen Jesus am Beginn seines öffentlichen Wirkens zeigen. Wir dürfen also annehmen, dass Jesus den Großteil seines Lebens mit unspektakulärer Arbeit zugebracht hat und durch diese Treue im Kleinen die Kraft für seinen großen Dienst gewonnen hat. Jesu Leben war also in vielem: Alltag.

Und hier dürfen wir uns fragen: Wie sieht es mit unserem Alltag aus? Eine Frage, die Christinnen und Christen beschäftigen sollte, ist die schlichte Frage: Leben Christinnen und Christen anders? Aus dem dritten Jahrhundert stammt der so genannte *Brief an Diognet*, der die Situation der Christen in der Welt beschreibt. Darin lesen wir: „Die Christen sind Menschen wie die übrigen: Sie unterscheiden sich von den anderen nicht nach Land, Sprache oder Gebräuchen. Sie bewohnen keine eigene Stadt, sprechen keine eigene Mundart, und ihre Lebensweise hat nichts Ungewöhnliches. Auch haben sie ihre Lehre nicht durch ihr eigenes Nachdenken und durch wissensdurstige Forschung gefunden. Sie ragen auch nicht, wie das einige Gelehrte tun, durch menschliche Weisheit hervor. Sie wohnen vielmehr in den Städten der Griechen und der Barbaren, wie es einem jeden das Los beschieden hat, und folgen den jeweils einheimischen Gesetzen in Kleidung, Nahrung und im ganzen übrigen Leben. Wie sie jedoch zu ihrem Leben als solchem stehen und es gestalten, darin zeigen sie eine erstaunliche und, wie alle zugeben, unglaubliche Besonderheit. Sie wohnen zwar in ihrer Heimat, aber wie Zugereiste aus einem fremden Land. An allem haben sie teil wie Bürger, ertragen aber alles wie Fremde. Jede Fremde ist ihnen Heimat und jede Heimat Fremde. Sie heiraten wie alle anderen und zeugen Kinder, aber sie verstoßen nicht die Frucht ihres Leibes. Den Tisch haben sie alle gemeinsam, nicht aber das Bett … Die Christen leben sichtbar in der Welt und sind doch nicht von der Welt." Wie steht es heute in unserer Zeit, in unserer Gesellschaft? Leben Christinnen und Christen anders? Leben wir anders?

Dieses „andere Leben“ müsste sich gerade im Alltag zeigen, denn hier bewährt sich ein Mensch. Wie gehen wir mit dem Schlaf um, mit Bewegung und unserem Körper, mit der Pflege von Gemeinschaft und Freundschaft? Wie essen wir, was machen wir mit dem Müll, den wir produzieren? Wie sieht es mit unserer Einstellung zur Arbeit aus? All das sind Fragen, die die Gestaltung des Alltags betreffen. Es gibt viele Christinnen und Christen, die freiwillig einen Teil ihres Einkommens verschenken, manche sogar ein Zehntel ihres Bruttoeinkommens. Dieses Abgeben des zehnten Teils (im Englischen: „tithing“) wird von vielen als befreiend erfahren; viele Christinnen und Christen erfahren, dass sie mit den verbleibenden neun Zehnteln weiter kommen als mit den ursprünglichen 100 %. Warum wohl? Weil das Teilen eine Einstellung der Sorgsamkeit fördert, die bewusster mit Geld umgehen lässt; weil das Teilen Prioritätensetzungen ermutigt, die dem Konsumdruck besser standhalten lassen; weil das Teilen vom Segen Gottes begleitet wird. Gerade im Umgang mit Geld zeigt sich das, was uns wichtig ist.

Kein Bereich des Alltags, und sei er noch so unscheinbar, ist ausgenommen von der Einladung, im Lichte des Evangeliums gestaltet zu werden. Das gibt unserem Glauben auch Konkretheit. Der österreichische Philosoph Ludwig Wittgenstein hatte seinerzeit den Missbrauch der Sprache durch die Philosophie angekreidet und darauf hingewiesen, dass Wörter „Reibung“ brauchen, den Kontakt mit dem Boden des Alltagslebens. Ähnlich verhält es sich mit dem Leben aus dem Evangelium. Auch hier ist „Reibung“ notwendig, der Kontakt mit den Situationen des Alltags, mit den Herausforderungen, denen wir immer wieder begegnen. Wir bemühen uns, ethisch rechtfertigbare Entscheidungen zu treffen, uns Wissen anzueignen, Gespräche zu führen und auch mit dem eigenen Lebensstil zu experimentieren. Manche von uns stellen Einkaufs- und Ernährungsgewohnheiten um, andere fragen sich, ob sie gut mit ihren Schlafstunden umgehen. Für uns alle ist die Frage nach dem Umgang mit unseren Kolleginnen und Kollegen, Freundinnen und Freunden, Ehepartnern und Kindern von entscheidender Bedeutung. Es geht uns um die Suche nach dem sittlich guten Leben. Da erkennen wir auch die Unverzichtbarkeit von Humor und Selbstkritik.

Ein gutes Leben ist ein solches, das empfohlen und gerechtfertigt werden kann; es ist ein solches, für das wir uns nicht (allzu sehr) schämen müssen, wenn wir es offenlegen. Die Suche nach einem guten Leben ist ein Weg der kleinen Schritte. Veränderung hängt nach einer Einsicht des langjährigen Generaloberen der Jesuiten, Pedro Arrupe, mit Selbsterneuerung zusammen. Und Selbsterneuerung bedarf des Mutes zu kleinen Anfängen. Auch diese kleinen Anfänge machen deutlich, dass wir uns stets in Grauzonen bewegen, dass das Leben weder so gebaut ist, dass wir unschuldig (das heißt, ohne uns schmutzig zu machen) durchs Leben gehen können, noch, dass es in jeder Situation einen „richtigen Weg" gibt. Die Ethik als die Frage nach dem Guten funktioniert nicht so wie ein Kreuzworträtsel, das eine richtige Lösung hat. Dieses Leben mit Unsicherheiten und auch Kompromissen hat mitunter etwas Unbefriedigendes an sich, ist aber ein gutes Heilmittel gegen die Selbstgefälligkeit, gegen eine Einstellung, die selbstzufrieden meint, an einem Punkt angelangt zu sein, an dem man getrost bleiben kann.

Immer wieder neu bewegt uns die Frage, ob wir uns schon aufgemacht haben zu Umkehr, Neubesinnung und zu Taten der Liebe. Wenn wir auf den Spuren Jesu den Weg gehen wollen, dann müssen wir uns ehrlich bemühen, das Evangelium zu leben und durch konkrete Taten der Liebe zu bezeugen – und dabei den Sinn für Prioritäten nicht zu verlieren. Ein amerikanischer Ökonom hat einmal gesagt: Das Schwierigste ist es, weniger zu nehmen, wenn man mehr bekommen könnte. Dieser Satz enthält eine wichtige Einsicht. Es ist schwer, Maß zu halten, „genug ist genug" zu sagen. Hier brauchen wir einen Sinn für klare Prioritäten, gerade in der Gestaltung des Alltags.

Der Blick auf Gott als die Mitte unseres Lebens prägt den Menschen als Einzelnen. Und er prägt eine Gesellschaft. Hier gilt es, mit wachem Blick auf die Entwicklungen der Zeit zu achten. Wenn man den Sinn für Gott verliert, besteht die Gefahr, dass man auch den Sinn für den Menschen verliert, für seine Würde und für sein Leben. Die Verfinsterung des Sinnes für Gott und den Menschen führt unvermeidlich zu einem praktischen Materialismus, in dem der Individualismus, das Nützlichkeitsdenken und das maßlose Genießen gedeihen. Darin zeigt sich, was der Apostel Paulus im Römerbrief schreibt: „Und da sie sich weigerten, Gott anzuerkennen, lieferte Gott sie einem verworfenen Denken aus, so dass sie tun, was sich nicht gehört" (Röm 1,28). Auf diese Weise werden die Werte des Seins durch jene des Habens ersetzt. Das einzige Ziel, auf das es anzukommen scheint, ist die Erlangung des eigenen materiellen Wohlergehens. Die so genannte Lebensqualität wird vorwiegend oder ausschließlich als wirtschaftliche Leistung, hemmungsloser Konsumismus, Schönheit und Genuss des physischen Lebens ausgelegt, wobei die tiefer reichenden – beziehungsmäßigen, geistigen und religiösen – Dimensionen des Daseins in Vergessenheit geraten. Und gerade diese Dimensionen machen unsere Belastbarkeit im Alltag aus, unsere Fähigkeit, mit schwierigen Situationen umzugehen. Es sind eben diese Dimensionen, die uns Kraft für den Weg geben.

Wenn wir in unserem Leben vor allem danach trachten, ein möglichst bequemes Leben zu haben, dann werden uns bestimmte Erfahrungen vor große Herausforderungen stellen. Das Leiden wird dann zum Beispiel eine ungeheure Last. Und Leiden ist Teil unseres Alltags. Gerade in diesen schwierigen Situationen zeigt sich, „aus welchem Holz" wir geschnitzt sind, wie gefestigt unsere Seele ist, ob wir zu Selbstmitleid neigen und im Leiden nur um uns selbst kreisen können. Wenn wir das Leben vor allem in den Kategorien

„Spaß“ und „Komfort“ sehen, dann entsteht dadurch ein ganz bestimmtes Umfeld: In einem solchen kulturellen Umfeld wird der Körper des Menschen nicht mehr als für die Person typische Wirklichkeit, nämlich als Zeichen und Ort der Beziehung zu den anderen, zu Gott und zur Welt, wahrgenommen. Er ist auf das rein Materielle verkürzt, er ist nur ein Komplex von Organen, von Funktionen und Kräften, die nach Kriterien von Genuss und Leistung zu gebrauchen sind. Bei einer solchen Sichtweise erfahren die zwischenmenschlichen Beziehungen eine schwerwiegende Verarmung. Die Ersten, die unter den Schäden einer solchen Verarmung zu leiden haben, sind das Kind, der kranke, leidende und der alte Mensch – und gerade das Kind, gerade der kranke Mensch, gerade der leidende Mensch stehen im Mittelpunkt des Wirkens Jesu.

Jesus hat durchaus dazu eingeladen, an einer „Kontrastkultur“ zu bauen, an einer Kultur, die nicht primär von Leistung und Wachstum und einem Streben nach „Mehr“ gekennzeichnet ist. Diese Kontrastkultur ist eine Kultur der Liebe und des Lebens. Die christliche Tradition kennt eine Siebenzahl von leiblichen und geistlichen Werken der Barmherzigkeit, die den ganzen Menschen betreffen und konkreter Ausdruck der Liebe sind. Es ist gut, sie in Erinnerung zu rufen und zugleich das konkrete Leben danach zu befragen. Die leiblichen Werke der Barmherzigkeit sind: Hungrige speisen – zum Überleben vieler; Durstige tränken – und selbst Maß halten; Nackte bekleiden – und allem Leben Ehre erweisen; Fremde beherbergen – ohne Ausgrenzung und Verachtung; Kranke besuchen – und alle stärken, die ihnen dienen; Gefangene erlösen – und von einengenden Fesseln befreien; Tote begraben – ein Werk, das wohl auch die Sorge zum Ausdruck bringt, Sterbende auf ihrem letzten Weg zu begleiten. Das sind die leiblichen Werke der Barmherzigkeit, die es zu tun gilt. Sie zeigen, ob wir Christen anders leben. Es sind Werke, die sich im Alltag verwirklichen. Der Alltag ist der Ort unseres gewöhnlichen menschlichen Tuns. Tief und umfassend sind die geistig-geistlichen Bedürfnisse und Nöte der Menschen in unserer Zeit.

Dazu braucht es weitere Taten der Liebe, die geistlichen Werke der Barmherzigkeit: Unwissende belehren – und Heils- und Lebenswissen vermitteln; Zweifelnden raten – und miteinander auf dem Weg bleiben; Trauernde trösten – und mit ihnen schweigen und leiden; Sündige zurechtweisen – ohne Überheblichkeit, allein um der Wahrheit und der Liebe willen; beleidigenden Menschen gerne verzeihen – und nicht nachtragend sein; Unangenehme ertragen – oft gehören wir selber dazu. Für alle beten – weil Gott alle retten will. Kriterien der Glaubwürdigkeit für christlich engagierte Gruppen sind insbesondere, dass sie mit ihren Äußerungen und Aktionen eine christlich verantwortete Motivation erkennen lassen, Andersdenkenden bei aller notwendigen Auseinandersetzung mit Achtung begegnen, Menschen in Not und Konfliktsituationen helfen und sich für eine Verbesserung der sozialen und rechtlichen Ordnung sachkundig einsetzen.

Muss man nicht auch an alle jene täglichen Gesten von Annahme, Opfer, selbstloser Sorge erinnern, die eine unübersehbare Anzahl von Personen voll Liebe in den Familien, in den Krankenhäusern, in den Waisenhäusern, in den Altersheimen und in anderen Zentren oder Gemeinschaften zum Schutz des Lebens vollbringt? Das sind wahrhaft Beispiele von barmherzigen Samaritern, wie sie das Gleichnis Jesu im Lukasevangelium darstellt (vgl. Lk 10,29–37). Auffallend ist an diesem Gleichnis, dass der barmherzige Samariter die Not nicht sucht, sondern schlicht vorbeikommt, aufmerksam ist und Mitgefühl zeigt. Er folgt nicht einfach Vorschriften, sondern handelt aus seiner Persönlichkeit heraus. Christliches Leben im Alltag hat auch mit Regeln zu tun – es ist etwa gut und richtig, Spendenaufrufen zu folgen und in der Fastenzeit zu fasten. Aber wir wollen nicht vergessen, dass es immer um das Leben als Ganzes geht und damit um unsere Persönlichkeit, um das „Sein“ und nicht nur um das „Tun“.

Der Prophet Jesaja (58,6ff) sagt uns, welche Art des Fastens Gott gefällt: die Fesseln des Unrechts zu lösen, die Stricke des Jochs zu entfernen, die Versklavten freizulassen, jedes Joch zu zerbrechen, an die Hungrigen dein Brot auszuteilen, die obdachlosen Armen ins Haus aufzunehmen, wenn du einen Nackten siehst, ihn zu bekleiden und dich deinen Verwandten nicht zu entziehen. – Das ist ein Fasten, wie ich es liebe, sagt Gott. – Das ist gemeint, wenn wir davon sprechen, Lebensräume zu gestalten und Glaubensräume zu öffnen: Zeugen der Liebe Gottes zu sein, sich selbst dieser Botschaft zu öffnen und als Beschenkte, Befreite, Erlöste für die Menschen da zu sein und unsere Gesellschaft mitzugestalten.

Christsein zeigt sich im verantworteten Alltag, gerade auch in den Kleinigkeiten und den Details. Hier stoßen wir auf die Bedeutung der „Achtsamkeit", der Aufmerksamkeit gegenüber dem Unscheinbaren. Der englische Soziologe Peter Townsend hat sich vor Jahren in einem Buch Gedanken darüber gemacht, was ein gutes Seniorenwohnheim oder Pflegeheim auszeichnet – und er hat gerade die Kleinigkeiten betont: das Gespräch am Bettrand; das Feiern von Geburtstagen und gemeinsamen Festen; das höfliche Anreden mit dem Namen. Jesus ruft uns in einen Dienst mit einem Blick für Details. So kann sich eine Brücke zwischen „Ethik und Evangelium" zeigen, in der Suche nach dem guten Leben, das wir auch rechtfertigen und verantworten können.

Freilich, der gute Alltag ist nicht etwas, das „bewältigt" und „abgehakt" wird. Auch hier geht es nicht in erster Linie um Effizienz. Die Maßstäbe Gottes sind anders. Ganz deutlich erkennen wir das in der Geschichte des Apostels Paulus, der im zweiten Korintherbrief von einem Leiden schreibt, das ihm zur Last geworden ist. Dreimal habe Paulus den Herrn gebeten, ihn von dieser Schwäche zu befreien, aber die Antwort Gottes lautete: „Meine Gnade genügt dir; denn sie erweist ihre Kraft in der Schwachheit" (2 Kor 12,8f). Nach menschlichen Maßstäben wäre Paulus wohl effektiver gewesen, wenn ihn Gott von seinem Leiden befreit hätte. Aber Gott hat andere Maßstäbe. Und hier stoßen wir an ein Mysterium, dem wir nur mit Gottvertrauen begegnen können. Die „Reibung“, von der oben die Rede war, ist dann auch die Reibung in der Begegnung mit Gott, der sich immer wieder offenbart.

13. Vergeben und Versöhnen

Viele von uns kennen nagende Konflikte. Da gibt es den Streit zwischen Vermieter und Mieter, einen schwelenden Konflikt mit einer Kollegin, Reibereien mit den Nachbarn, Uneinigkeit in der Verwandtschaft. Die meisten von uns haben erlebt, wie belastend ein Konflikt ist, wie quälend es ist, wenn wir gegen jemanden Groll hegen; wie dieses Gefühl von Missgunst und Ablehnung in uns arbeitet, Energien bindet, uns schwächt und vom Wesentlichen abhält. Manchen von uns ist vielleicht auch Unrecht geschehen, Unrecht durch einen Menschen, der sich als selbstsüchtig und auf seinen eigenen Vorteil bedacht erwiesen hat. Und da stehen wir vor der großen Herausforderung, in einem solchen Fall menschliche Größe zu zeigen. Vergebung erfordert menschliche Größe. In einer Geste der Versöhnung geben wir uns selbst, will die Versöhnung tief und von Dauer sein. Es gibt Situationen – etwa wenn wir ungerecht behandelt werden –, in denen wir menschliche Größe im Vergeben zeigen müssen.

Was ist menschliche Größe? Ein beeindruckendes Beispiel für menschliche Größe finden wir in dem bewegenden Buch *Alle Flüsse fließen ins Meer*, der Autobiographie von Elie Wiesel, der als Sechzehnjähriger elf Monate in einem Konzentrationslager leiden musste, dort auch seine ganze Familie verlor. „Ich erinnere mich", schreibt Elie Wiesel, „an einen polnischen Rabbi, der sich am Ende von Jom Kippur bemühte, diejenigen zu trösten, die nicht gefastet hatten. ‚Das Gesetz verlangt von den Juden nicht, daß sie unter Lebensgefahr fasten', sprach er zu ihnen. ,In den Augen des Schöpfers, gelobt sei Er, ist es heute angebrachter zu essen, als sich zu kasteien.' Er selbst hatte gefastet. Aufgrund seiner Schwäche wurde er bei der nächsten Selektion mitgenommen. Er bat seine Blockkameraden, ein Kaddisch für seine Seele zu sprechen. Der ganze Block betete für ihn."

Hier stellt sich ein Mensch in den Dienst Gottes; hier legt ein Mensch anderen Menschen keine Lasten auf, die er nicht selbst zu tragen bereit ist; mehr noch: er geht mehr als die verlangte Meile, wie es in der Bergpredigt heißt (Mt 5,41), er richtet sich selbst nicht mit milderem Maß als die anderen. Hier sehen wir menschliche Größe. Menschliche Größe ist ein Verzicht auf das Ausnutzen eines Spielraums, der uns zusteht. Um noch zwei Beispiele zu nennen: Ignatius von Loyola wurde im Jahr 1538 vom spanischen Kleriker Mudarra verfolgt, der mit hinterlistigen Methoden den Ruf von Ignatius beschädigte und dessen Arbeitsmöglichkeiten aufs Spiel setzte. Ignatius wurde nach einer offiziellen Untersuchung rehabilitiert. Mudarra geriet später mit der Inquisition in Konflikt, musste aus Rom fliehen und wandte sich an Ignatius, um durch dessen Intervention eine Milderung der gegen ihn verhängten Sanktionen zu erreichen. Ignatius kam dieser Bitte nach – großzügig, ohne an die Vergangenheit zu denken. Das ist menschliche Größe. Nelson Mandela wurde nach 26 Jahren 1990 aus dem Gefängnis entlassen und rief sofort zu einer Politik der Versöhnung auf, die sich nicht an Mechanismen der Vergeltung orientieren dürfe. Das ist menschliche Größe.

Menschliche Größe hat mit einem Verzicht auf das Ausschöpfen von Handlungsmöglichkeiten zu tun; dieser Gestaltungsverzicht zeigt eine Weise des Lassens und Loslassens, die gerade dadurch neue Möglichkeiten von Gemeinschaft und Beziehung erschließt. Die Entscheidung des zusammen mit den ihm anvertrauten Waisenkindern in Auschwitz ermordeten polnischen Kinderarztes Janusz Korczak, eine Fluchtmöglichkeit nicht zu nutzen, zeigt menschliche Größe. Menschliche Größe hat auch mit einem Verzicht auf eigenes „Großmachen“ und „Größerwerden“ zu tun, mit einer Entleerung des Selbst, mit einer Verkleinerung des Ego. Eben dies ist in einer Geste der Vergebung gefragt. Wenn wir etwas falsch gemacht haben, dann haben wir keinen Anspruch darauf, dass uns vergeben wird. Hier bedarf es menschlicher Größe. Wenn uns Unrecht angetan wurde und wir eingeladen sind, die Hand zur Versöhnung auszustrecken, dann ringt uns das einen Akt des Verzichts auf eigene Macht ab. Die Bereitschaft zur Vergebung ist die Bereitschaft und Ermöglichung eines Neuanfangs. Zusammenleben kann neu beginnen, wenn Menschen sich miteinander aussöhnen. „Vergeben“ und „geben“ hängen insofern miteinander zusammen, als durch die Vergebung die Gabe der Beziehung neu geschenkt wird und als durch die Vergebung sich zeigt, was für ein Mensch jemand ist.

Der südafrikanische Erzbischof Desmond Tutu hat in seinem Land die Macht der Vergebung immer wieder erfahren, sie ist eine Macht des Lichts, die sich der Finsternis der Vergeltung, der Rache und des Hasses entgegenstellt. Wir Christinnen und Christen sind in besonderer Weise aufgerufen, der Herrlichkeit Gottes Raum zu geben. Und wo Gottes Herrlichkeit erscheint, da wird es hell in der Welt. „Gott ist Licht, und keine Finsternis ist in ihm", das sagt uns der 1. Johannesbrief (1 Joh 1,5). Licht ist Quelle von Leben, Licht bedeutet aber vor allem Erkenntnis, bedeutet Wahrheit im Gegensatz zum Dunkel der Lüge und der Unwissenheit. Das Licht der Vergebung gibt es nur mit dem Licht der Wahrheit; Vergebung kann nicht auf Lüge beruhen. Licht bedeutet, weil es Wärme schenkt, auch Liebe. Wo Liebe ist, geht ein Licht auf in der Welt; wo Hass ist, wird die Welt finster. Das Licht von Betlehem ist nicht mehr erloschen, in allen Jahrhunderten hat es Menschen berührt, hat es sie umstrahlt.

Dieses Licht wird immer wieder dort sichtbar, wo wir es schaffen, zu vergeben. Für den Neujahrstag 2006 hat Papst Benedikt XVI. seine erste Botschaft zum Weltfriedenstag zum Thema *In der Wahrheit liegt der Friede* herausgegeben. „Die echte Suche nach Frieden", schreibt der Papst, „muss von dem Bewusstsein ausgehen, dass das Problem der Wahrheit und der Lüge jeden Menschen betrifft, und sich als entscheidend erweist für eine friedliche Zukunft unseres Planeten … Die Wahrheit des Friedens ruft alle dazu auf, fruchtbare und aufrichtige Beziehungen zu pflegen, und regt dazu an, die Wege des Verzeihens und der Versöhnung zu suchen und zu gehen sowie ehrlich zu sein in den Verhandlungen und treu zum einmal gegebenen Wort zu stehen."

Auf dem Boden von Wahrheit und Liebe wird Vergebung möglich. Vergebung schafft eine gemeinsame Mitte, die einen Neuanfang ermöglicht. Auch das hat Benedikt XVI. deutlich gemacht. In seiner Ansprache anlässlich einer Generalaudienz mit deutschen Pilger(inne)n am 25. April 2005 hat der Papst ihnen, kurz nach seiner Wahl, gesagt: „Gehen wir miteinander, halten wir zusammen. Ich vertraue auf Eure Hilfe. Ich bitte Euch um Nachsicht, wenn ich Fehler mache wie jeder Mensch oder wenn manches unverständlich bleibt, was der Papst von seinem Gewissen und vom Gewissen der Kirche her sagen und tun muss." Diese Worte sind Bausteine für eine Grundhaltung der Vergebung und Versöhnung. Diese Botschaft gilt für jeden einzelnen Menschen, aber auch für Gemeinschaften und Gemeinden, Völker und die ganze Menschheitsfamilie.

Die Kunst, neu zu beginnen, ist vor allem auch die Kunst der Vergebung – die Kunst, sich selbst zu vergeben und vergangenen Fehlern mit Gelassenheit zu begegnen; denn übertriebene Traurigkeit über das, was war, nimmt die Kraft für einen Neuanfang in Wahrheit und Liebe; die Kunst der Vergebung ist auch die Kunst, eine Haltung der Vergebung langsam einzuüben, wachsen zu lassen und diejenigen, die Opfer geworden sind, in die Mitte zu stellen und ihnen Raum zu geben. Die Kunst der Vergebung ist eine teure Kunst – billige Vergebung ist Vergebung ohne Wahrheit. Billige Versöhnung ist Versöhnung ohne Konsequenzen, ohne persönliche Opfer, ohne innere wie äußere Veränderung. Billige Versöhnung ist Versöhnung ohne den Willen zur Gerechtigkeit. Versöhnung hat daher auch eine handfeste Seite – da geht es um Wiedergutmachung.

Die Kunst des Vergebens ist die Kunst, die um das Wiedergewinnen von Vertrauen ringt. Vertrauen kann nicht erzwungen oder geplant werden, es hängt an der Persönlichkeit eines Menschen. Im Vergeben geben wir uns selbst, Vergebung ist Hingabe. Diese Hingabe verlangt menschliche Größe, verlangt ein Loslassen von dem, was uns fesselt, unsere Rachegelüste, unsere Verwundungen. Versöhnung hat mit „Loslassen" zu tun, mit Freiwerden. Ohne Versöhnung bleiben wir nach einem Wort Hannah Arendts für immer Opfer der Konsequenzen unserer Handlungen. Versöhnung ruft nach persönlicher Reife und der Weisheit, Fehler eingestehen zu können. Die Versöhnung ist ein Akt gegen die Verwandlung der Welt in einen großen Gerichtssaal, wo Taten miteinander aufgerechnet werden. Versöhnung zeigt, dass die Sprache der Gerechtigkeit notwendig ist, aber eine Grenze hat.

Versöhnung ist nur mit Gottes Hilfe möglich, „fällt aber nicht vom Himmel". Es braucht konkrete Taten – Schritte auf dem festen Boden des alltäglichen Lebens, Gesten von Gastfreundschaft und Machtverzicht, überraschende Momente von menschlicher Größe und überraschende Einsichten in die Größe Gottes und die Kleinheit des Menschen. Hinter der Sehnsucht nach einer Ethik der Versöhnung steht eine Sehnsucht nach jenem Gottvertrauen, das die biblischen Zusprüche des „Fürchte dich nicht" tief ins Leben aufnehmen kann. Denn solange wir nicht vergeben können, ist Angst im Spiel – die Angst etwa, wieder verletzt zu werden; die Angst, durch die Vergebung einem anderen noch mehr Macht zu geben. Abwesenheit von Angst ist Zeichen und Frucht der Liebe: Die vollkommene Liebe vertreibt die Furcht (1 Joh 4,18).

Wenn wir einen Neubeginn anstreben, dann ist die Suche nach Orten, an denen wir Vergebung erbitten oder Vergebung anbieten sollten, ein wichtiger Schritt. Welchen Menschen haben wir Unrecht getan? Gibt es hier kreative Möglichkeiten, die Hand zur Versöhnung auszustrecken? Ein Brief? Oder ein „Care-Paket", ein wohlüberlegtes Geschenkspaket, das ganz überraschend und ehrlich gegeben wird? Haben wir schon erfahren, wie heilend es ist, eine Beichte abzulegen und Lossprechung zu erfahren? Haben wir schon erfahren, wie heilend es sein kann, einmal mit Worten auszudrücken, welche Lasten wir aus vergangenem Unrecht tragen, Lasten unserer Verfehlungen? Haben wir schon erfahren, wie heilend es sein kann, unsere Schuld vor Gott zu tragen? Für einen Neuanfang tut es auch gut, die Frage zu stellen: Welche Menschen haben uns verletzt? Gibt es hier Möglichkeiten, Vergebung vorzubereiten? Im Gebet etwa, im Gebet gerade für diejenigen, die uns geschadet haben?

Der Phantasie in Bezug auf einen Neuanfang sind keine Grenzen gesetzt. Und gerade das brauchen wir, wenn wir einen neuen Anfang setzen wollen: Phantasie und Mut, Kreativität und die Kraft für einen ersten Schritt. Die Tugend des Mutes ist dann erforderlich, wenn uns etwas Schweres abverlangt wird. Da sind wir auch auf das Vertrauen und die Hoffnung angewiesen, die uns zeigen, dass wir diesen Weg, dessen ersten Schritt wir setzen wollen, mit Gott gehen dürfen. Denn wenn wir uns in der Vergebung selbst geben, so geben wir der Liebe und dem Wirken Gottes Raum. Und deswegen kann das Unmögliche gelingen, dass Gegner sich die Hände reichen und Feinde wieder miteinander sprechen.

14. Trauen und Vertrauen

Vergebung und Versöhnung sind nicht möglich ohne Vertrauen. Vertrauen ist gleichzeitig das Einfachste und das Schwierigste. Wir alle haben schon oft erlebt, wie vertrauensvoll Kinder mit ihren Eltern umgehen. Wenn ein Kind auf einer Mauer steht und der Vater verspricht, das Kind aufzufangen, so wird das Kind ohne Zögern in die Arme des Vaters springen. So einfach – und doch so schwer! Haben wir uns schon einmal überlegt, welche Gnade es ist oder sein könnte, sich wirklich und wahrhaftig auf Gott zu verlassen? Wenn wir wirklich und wahrhaftig an die Gegenwart Gottes glauben können, der lenkt und leitet. Der heilige Josef Benedikt Cottolengo, ein Zeitgenosse von Johannes Don Bosco in Turin, hatte den Mut aufgebracht, „das kleine Haus der göttlichen Vorsehung“ zu gründen, das Kranke für Gottes Lohn betreute und von der Hand in den Mund lebte. Natürlich wurde sorgsam gehaushaltet und hart gearbeitet. Aber mit dem Vertrauen auf Gott und auf die Kraft des Gebets. Immer wieder zeigte sich die Macht der Vorsehung in wunderbarer Weise. Das Haus besteht heute noch und ist ein Zeichen für die Kraft, die der Glaube an die Vorsehung schenken kann.

Gottvertrauen macht großmütig, erfüllt uns mit Zuversicht und Kraft. Thomas von Aquin betont, dass Großmütigkeit, der Mut, auf Großes zu hoffen, eine Tugend ist: Kleinmütigkeit ist ein Makel, weil hier der Mensch kein Vertrauen in sich, in Gott, in die anderen setzen möchte und kein Risiko eingehen will, genau abrechnet und nicht großzügig ist. So einfach – und doch so schwierig! Gott lädt uns ein, eine Entscheidung zu treffen, eine einzige Entscheidung – die Entscheidung nämlich, das Leben in einer unumkehrbaren Weise in Gottes Hände zu legen. Diese Entscheidung können wir treffen, auch hier und heute, jetzt und ein für alle Mal. Sie besteht darin, Gott zu bitten, das eigene Leben in Gottes Hände legen zu dürfen, und vertrauensvoll das eigene Leben in der Gegenwart Gottes zu leben.

Der amerikanische Prediger Glenn Clark hat einmal geschrieben, dass nach dieser Entscheidung Gott in jedem Augenblick gegenwärtig ist und nicht beschränkt bleibt auf einige wenige Begegnungen während des Gottesdienstes oder des Abendgebets. Das Leben verwandelt sich dann, so schreibt Glenn Clark so eindrücklich, in ein Abenteuer, wo wir uns immer fragen dürfen, was Gott mit uns vorhat. Und es ist ganz einfach: Wir müssen nur sagen, dass wir ein für alle Mal Schluss machen wollen mit unserem Sorgen und unserem Ängstigen und wirklich und wahrhaft vertrauen wollen, dass Gott etwas mit uns und mit unserem Leben vorhat, dass Gott da ist und uns begleitet und dass wir Gott in allem vertrauen dürfen.

Diese unumkehrbare Entscheidung heißt eigentlich nur, Ja zu sagen zu seiner eigenen Berufung. Der Prophet Elischa erfährt eben dies. Er wird angerufen, seinen Platz einzunehmen in der Arbeit an einer gottgefälligen Welt. Er wird „mitten aus dem Arbeitsleben" herausgeholt und trifft die Entscheidung für ein Leben mit Gott im Alltag (1 Kön 19,19–21). Das ist sehr tröstlich, denn das heißt auch, dass uns das auch offensteht. Wir können hier und jetzt diese Entscheidung treffen, ein Leben mit Gott zu leben.

An einer Stelle im Lukasevangelium erfahren wir wichtige Dinge über die Entscheidung zur vertrauensvollen Nachfolge und das Gottvertrauen (Lk 9,57–62): In einer ersten Begegnung will ein Mensch Jesus nachfolgen und Jesus gibt die auf den ersten Blick unpassende Antwort, dass er keinen Ort der Ruhe habe. Damit will Jesus wohl sagen: Du triffst deine Entscheidung für mich und für ein Leben der Nachfolge, aber diese Entscheidung ist nicht etwas, was man einmal trifft und dann abhaken kann, sondern ist eine Einladung zu ständigem Weitergehen und ständigem Wachsen. Diese Entscheidung heißt gerade nicht, dass das Leben nun „gelaufen" ist.

In einer zweiten und auch in der dritten Begegnung drängt Jesus auf die Unumkehrbarkeit der Entscheidung zum Dienst am Reich Gottes, weil die Gesprächspartner jeweils noch Abschied nehmen und Vorbereitungen treffen wollen. Wer sich für Gott entscheidet, hat seine Prioritäten gesetzt – erst kommt der Wille Gottes, die Arbeit am Reich Gottes und an einem gottgefälligen Leben und erst dann alles andere. Das würde aber auch heißen, dass wir uns nicht mehr sorgen müssen, dass wir uns in allen kleineren Entscheidungen fragen müssen, inwieweit sie mit der Nachfolge Jesu zusammenhängen.

Und dann sagt Jesus auch, dass eine Entscheidung für das Reich Gottes keinen Blick zurück verträgt – das mag ein Blick des Vergleichs sein, ein unsicherer Blick, der das eigene Leben mit dem Leben anderer vergleichen lässt; das mag ein Blick sein, der uns mit einer Hand nach Gott greifen lässt, mit der anderen Hand aber an Altem festhalten lässt. Gott will mit aller Kraft geliebt und gesucht werden; nicht als ein weiteres Ziel neben allen anderen Lebenszielen; Gott will unser Vertrauen, das dann nicht mit einem misstrauischen Blick zurück, ob die Entscheidung für Gott wohl richtig war, vereinbar ist. Ein solcher misstrauischer Blick lähmt, er erfüllt uns mit Angst und Sorge und lässt uns nicht weitergehen.

Lots Frau im Alten Testament blickt auf das alte Leben zurück und erstarrt zur Salzsäule (Gen 19,26), hier wird eben dieser Gedanke des Stehenbleibens und Erstarrens ausgedrückt. Das Reich Gottes ist kein Erstarren. Und hier sehen wir, dass die drei Lektionen zusammenhängen: Es geht um das Weitergehen, es geht um die Priorität des Reiches Gottes, das nicht ein Ziel neben anderen ist. Es geht um den vertrauensvollen Blick nach vorne, den Blick hin auf Gott, auf den wir zugehen, Schritt für Schritt, jeden Tag, immer weiter. Im Vaterunser beten wir „Dein Name werde geheiligt“. Der Moraltheologe Bernhard Häring hat einmal gesagt, dass es keine größere Art gibt, Gottes Namen zu heiligen, als durch vollkommenes Gottvertrauen. Dies ist die Gabe, die wir Gott schenken können – Vertrauen.

Dieses Vertrauen baut auf Glauben, auf Hoffnung, auf Liebe. Den Kern unseres Glaubens an die Kraft der Liebe Gottes macht der Glaube an die Auferstehung Christi aus und damit die Hoffnung auf ein Leben in Fülle. Dieser Glaube bezieht seine Kraft aus den liebevollen Begegnungen. Das leere Grab allein ist noch nicht der Erweis der Auferstehung des Herrn, denn es konnte ja aus unterschiedlichen Gründen leer sein. Der untrügliche Beweis dafür, dass der Herr auferstanden ist, besteht in seinen Erscheinungen, d. h. in der Begegnung mit den Jüngern und Jüngerinnen nach dem schrecklichen Ereignis vom Karfreitag. Der Kreuzestod Jesu hatte die Apostel so sehr verstört, dass sie die Flucht ergriffen. Nur die Frauen hielten in Treue durch bis unters Kreuz, und von den Jüngern allein Johannes, der Lieblingsjünger Jesu. Hier zeigt sich, was menschliche Liebe vermag und was sie nicht vermag. Die erneute Begegnung mit dem Auferstandenen, dem Herrn, verunsicherte sie zunächst, dann aber begann die Gewissheit zu wachsen: Er ist auferstanden, er lebt! Er, der bei ihnen ein und aus gegangen war. Er, dessen Worte sie gehört und dessen Taten sie erlebt hatten. Er, den sie gekannt und doch nicht erkannt hatten. Er, der gegenwärtig und dann abwesend war. Er, der nach seiner Auferstehung derselbe war und doch anders. Er trägt die Wundmale, leugnet nicht, dass Schreckliches geschehen ist, zeigt, was er erfahren hat, unwiderruflich.

Unser Vertrauen auf Gott ist das Vertrauen in die Kraft der Liebe, die die Angst überwindet. Ostern ist das Fest der Überwindung der Angst durch die Liebe.

Es ist das große Fest, das von der Kraft der Liebe zeugt. So oft ist in der Passionsgeschichte Angst zu spüren – die Angst Jesu am Ölberg als Angst vor dem Hass der Menschen; die Angst der Jünger, besonders auch die Angst des Petrus, der Jesus verleugnet; die Angst des Kajaphas, der Jesus opfern möchte, damit nicht das ganze Volk außer Kontrolle gerät (sprich: sich seiner Kontrolle entzieht); die Angst des Pilatus, der Angst vor dem Kaiser und Angst um seinen Ruf hat; die Angst des Josef von Arimatäa, der das Grab bereitstellt … Jesus hat uns durch sein Leben gezeigt, was es heißt, zu lieben; und er hat uns gezeigt, was es heißt, zu lieben „bis zur Vollendung", „bis zum Ende". Wir können das ganze Evangelium, besonders aber die Texte in den Ostertagen lesen als eine „Schule der Liebe". Wir lernen von Jesus, was es heißt, in Liebe und aus Liebe zu leiden; wir lernen von Jesus, was es heißt, in Liebe und aus Liebe durch das Leiden hindurchzugehen zur Auferstehung: Die Wunden bleiben sichtbar, sind Teil des neuen, verklärten Leibes, der die Menschwerdung Gottes in ein neues Licht rückt – in das Licht der Möglichkeit der Verklärung, in das Licht der Möglichkeit einer Erneuerung, die keine Verleugnung des Alten ist.

Auch im Osterevangelium stoßen wir auf Angst – die Angst der Frauen: „Sie erschraken und blickten zu Boden", lesen wir (Lk 24,5). Ihre Angst lähmt sie; lässt sie den Kopf nicht mehr hochhalten, zwingt ihren Blick nach unten. Wie erfolgt die Überwindung der Angst der Frauen? Es ist eine Osterbotschaft, die Botschaft vom Sieg der Liebe über die Angst: Sie erfahren das kraftvolle Wort, dass sie den Toten nicht bei den Lebenden suchen mögen. Dieses Wort gewinnt seine Kraft durch die Kraft der Erinnerung, Erinnerung an das, was Jesus selbst gesagt hat. Die Erinnerung an die Liebe Jesu in seinem Wort ist es, die die Angst wegnimmt. Wir lesen: „Da erinnerten sie sich an seine Worte. Sie verließen das Grab“ (Lk 24,8f). Ihre Angst ist überwunden, weil sie sich an Worte erinnern, die Jesus gesprochen hat. Nachträglich kommen sie zu einem tieferen Glauben an den, den sie geliebt haben und lieben, und diese Liebe überwindet die Angst und die Lähmung der Angst und sie können sich wieder aufrichten und gehen, das Grab verlassen, die Stätte der Ruhe und des Schweigens und der Lähmung und der Trauer. Die Erinnerung gibt Kraft. Es baut Vertrauen auf und gibt Kraft, wenn wir uns an erfahrenes Heil und geschenkte Verheißung erinnern können. In schwierigen Zeiten sollten wir den Mut haben, an bereits durchgestandene Schwierigkeiten zu denken. „Vergiss nicht, was er dir Gutes getan hat“, heißt es im Psalm 102 (Ps 102,2).

Unser Vertrauen auf Gott ist das Vertrauen in die Kraft der Liebe, die den Tod überwindet. Die österliche Auferstehung Jesu Christi brachte den Jüngern und Jüngerinnen von damals und bringt uns Christgläubigen heute eine mehrfache Gewissheit, die unser Vertrauen nährt und stärkt: Wir sehen, dass die Schrift in Erfüllung geht. Was Jesus verkündet hatte, ist wahr. Sein Wort ist verlässlich. Sein Wort ist Wahrheit und Leben für alle Menschen. Das ist nicht einfach eine fromme Phrase, sondern kann lebenskraftspendende

Realität im Alltag werden, wenn wir darauf vertrauen können, dass die Worte der Schrift wahr sind, tatsächlich Zusagen und Versprechen, Verheißungen und Tröstungen enthalten.

Der Glaube an die Kraft der Liebe, wie sie sich im Leben, im Tod, in der Auferstehung und in der bleibenden Gegenwart Christi zeigt, ist auch der Glaube an einen Frieden, der bleibt. Eine Frucht des geistlichen Wachstums ist der innere Friede. Dieser Friede ist nicht konstruiert, sondern geschenkt. Die Erfahrung der Auferstehung zeigt uns: Friede ist möglich; Friede, den die Welt nicht geben kann, den Gott aber durch den auferstandenen Herrn schenkt. Im Johannesevangelium heißt es: „Am Abend des ersten Tages der Woche … kam Jesus, trat in ihre Mitte und sagte zu ihnen: Friede sei mit euch! Nach diesen Worten zeigte er ihnen seine Hände und seine Seite. Da freuten sich die Jünger, dass sie den Herrn sahen. Jesus sagte noch einmal zu ihnen: Friede sei mit euch!" (Joh 20,19ff). Der Shalom, der in der Heimat Jesu, im Heiligen Land, und in anderen Ländern der Welt verloren gegangen ist, wäre möglich, wenn, ja wenn die Menschen bereit wären, sich von Jesu Wort und Tat der Vergebung, der Versöhnung, des Verzichtes auf Gewalt, berühren zu lassen. Gewaltverzicht – das kann auch der Verzicht auf eine spitze Bemerkung, der Verzicht auf einen verbitterten Brief, der Verzicht auf üble Nachrede sein.

Mit dem Glauben an die Auferstehung sind auch Verpflichtungen verbunden. Ich kann nicht einfach sagen: „Ja, ich glaube, dass Jesus von den Toten auferstanden ist, aber was hat das mit meinem Leben zu tun?" Der österliche Auftrag Jesu lautet: „Wie mich der Vater gesandt hat, so sende ich euch" (Joh 20,21). Das ist die Gewissheit, dass wir als Jünger und Jüngerinnen Jesu die Welt mit seiner Botschaft erfüllen sollen. Die Sendung Jesu geht weiter, weil wir Menschen der Auferstehung sind – und weil alle Menschen Auferstehung brauchen. In der Freude über das leere Grab – noch mehr über die Begegnung mit dem auferstandenen Herrn – können wir zuversichtlich den Weg unseres Lebens fortsetzen mit der Zusage Jesu: „Seid gewiss: Ich bin bei euch alle Tage bis zum Ende der Welt." (Mt 28,20)

15. Den Weg mit Vertrauen gehen: Ein geistliches Reisetagebuch

Das Vertrauen, das wir in Gott setzen, ist eine der schönsten Gaben, die wir haben. Wir sind eingeladen, Gott unser Vertrauen zu schenken. Aus diesem Geben wächst die Kraft zum Vergeben, zum Teilen. Und dieses Vertrauen kann wachsen. Es kann wachsen, wenn wir unseren Lebensweg ganz bewusst gemeinsam mit Gott gestalten. Ein schönes Werkzeug, um unseren Weg gemeinsam mit Gott zu gehen, ist ein geistliches Tagebuch, eine Art „inneres Reisetagebuch":

Heinrich Böll, Mark Twain, Michel de Montaigne haben wunderbare Reisetagebücher geschrieben. Sie halten die Eindrücke fest, berichten von Erfahrungen, von seltsamen und eindrücklichen Begegnungen, von Gedanken und Gefühlen. Dadurch wird die Reise in einer gewissen Weise „festgehalten"; man kann im Tagebuch zurückblättern, kann sich auch nach Jahren zurückversetzen in die Gefühlswelt, in der man damals gelebt hat, ruft die Empfindungen wieder wach. Gleichzeitig dokumentiert ein Reisetagebuch den zurückgelegten Weg. Es fällt leichter, die eigene Erfahrung auf einer Reise zu ordnen, wenn sie niedergeschrieben und dargestellt ist – nicht nur, weil wir immer wieder darauf zurückgreifen können, sondern auch weil das Niederschreiben selbst eine gute Übung ist. Ignatius von Loyola hat Menschen vorgeschlagen, ihre Vorsätze schriftlich festzuhalten. Denn dadurch gewinne ich Klarheit über das, was ich zu tun beabsichtige, meine

Wortwahl zeigt auch die Gewichtungen, die ich vornehmen möchte, und ein Schriftstück hat einen ähnlichen Charakter wie ein „Vertrag“ und damit eine stärkere Bindungskraft. Es ist also aus mehreren Gründen empfehlenswert, Reiseaufzeichnungen zu führen.

V. S. Naipaul hat in seinem Buch *Eine islamische Reise* von seinen Erkundungen muslimischer Länder berichtet. Seine Aufzeichnungen enthalten Eindrücke, Erlebnisse und Erfahrungen; sodann die Wiedergabe von Gesprächen, vor allem auch mit Gesprächspartnern, die gut über die betreffende Kultur Bescheid wissen; schließlich eigenes Nachdenken über das Erlebte. Naipaul berichtet davon, wie ein Taxifahrer sich mit Koranlesungen aus dem Autoradio durch die abendlichen Verkehrsstaus leiten ließ, wie im Hotel Mullahs im Fernsehen zu sehen waren, er spricht an einer Stelle von „Beten, das wie Exerzieren aussah“, erfährt von einem Gesprächspartner, dass es im Islam einen Martin Luther nicht geben könne, „weil es keine islamische Kirchenordnung gebe, gegen die ein Muslim aufbegehren könnte“ – und macht sich seine Gedanken über die Religionen: „Das Leben des frommen Muslims … bedeutete … sich der Einzigartigkeit des Glaubens stets bewusst zu bleiben.“ Solche Beobachtungen stellt Naipaul in der Einsamkeit und Ruhe seines Hotelzimmers an, allerdings nach einem erlebnisreichen Tag, dessen zahllose Eindrücke geordnet werden müssen. Auf diese Weise entsteht ein Panorama des jeweiligen Landes, ein buntes Muster von Erlebtem und Erlerntem, Gesehenem und Gehörtem.

Ein Reisetagebuch ist auch für unsere innere Reise, für unseren geistlichen Weg wertvoll. Die Tagebücher der Schwester Faustina sind ebenso berühmt geworden wie die jüngst erschienenen Tagebücher von Mutter Teresa. Ein geistliches Tagebuch erinnert uns daran, dass wir uns auf einem Weg befinden, dass wir jeden Tag einen Schritt auf diesem Weg zurücklegen, dass unser Leben unumkehrbar in eine Richtung verläuft und jeder Schritt einem vorhergegangenen Schritt folgt. Wenn wir innerlich wachsen wollen, ist es entscheidend, dass wir um das Ziel wissen und uns des zurückgelegten Weges bewusst sind. Was halten wir in einem geistlichen Tagebuch fest? Wir beschreiben Situationen, in denen sich unser Charakter gezeigt hat – Situationen, an denen wir merken, ob wir an unseren Schwächen mit Gottes Hilfe gearbeitet haben; wir halten Gedanken und Einsichten fest, Worte und Schriftworte, die uns durch den Tag begleiten und beschäftigen; wir schreiben über beeindruckende Träume, die wir haben mögen, fügen vielleicht auch ein Gebet hinzu.

Auch für Menschen, die nicht an Gott zu glauben vermögen, ist ein geistliches Tagebuch, ein Reisejournal über die innere Entwicklung wichtig. Wenn ich zum Beispiel weiß, dass ich zur Geschwätzigkeit neige und eher zu viel als zu wenig rede, dann kann ich den Vorsatz fassen und festhalten, daran zu arbeiten, und jene Situationen reflektieren, in denen ich Gelegenheit hatte, schwatzhaft zu sein.

Ein geistliches Tagebuch hält unsere Reise mit Gott fest. Ein schönes Bild für diese Reise ist die Emmausgeschichte. Nehmen wir nur einen Satz aus dieser Geschichte heraus: „Sie sprachen miteinander über all das, was sich ereignet hatte. Während sie redeten und ihre Gedanken austauschten, kam Jesus hinzu und ging mit ihnen" (Lk 24,14–15). Am Ende eines Tages denken wir über das nach, was an diesem Tag geschehen ist. Es ist spätabends, wir sind dabei, in unser Tagebuch zu schreiben. Wir wissen, dass wir auf unserer Lebensreise nicht allein sind, wir sind gemeinsam unterwegs. Wir haben ein Bedürfnis danach, über das zu sprechen, was uns widerfährt; wir haben ein Bedürfnis danach, mit unseren Erfahrungen nicht allein zu bleiben; erst in einer Gemeinschaft kann Erinnerung wachsen und lebendig werden, denn indem wir über das Geschehene reden und nachdenken, eignen wir es uns wieder an. Was uns bewegt, davon wollen wir sprechen. Deswegen ist es eine gute Sache, am Ende eines Tages Zwiesprache mit Gott zu halten, auch in einem Tagebuch. Deswegen ist es eine gute Sache, dann und wann innezuhalten und auf unser Leben zu blicken, mit anderen über unser Leben zu sprechen, am Ende eines Jahres einen Jahresrückblick zu machen und uns an all das zu erinnern, was während des Jahres geschehen ist, die Höhen und Tiefen, die schönen und die schweren Momente.

Auf dem Weg nach Emmaus machen die beiden Jünger auch einen Blick zurück – sie haben viel von Jesus gesehen und gehört, Leben geteilt und sein Leben erfahren, sie haben von Jesu Leid und Kreuzigung erfahren und nun sind sie unterwegs. Sie sind traurig. Denn sie sehen nur so weit, wie ihr Glaube reicht, und dieser Glaube erzählt nicht die ganze Geschichte Jesu, sondern nur die Geschichte bis hin zur Kreuzigung. So geht es uns doch auch. Wenn wir mit uns nicht im Reinen sind, wenn wir mit leidvollen Erfahrungen fertig werden müssen, dann blicken wir mit einer gewissen Bitterkeit auf das Jahr zurück, weil wir noch nicht sehen, was Gott aus diesen Erfahrungen machen kann. Im 8. Kapitel des Römerbriefes steht ganz deutlich: „Wir wissen, dass Gott bei denen, die ihn lieben, alles zum Guten führt" (Röm 8,28). Darauf dürfen wir vertrauen, wenn wir mit Erfahrungen, die wir im vergangenen Jahr gemacht haben, ringen.

Und woraus wächst dieses Vertrauen? Auch das dürfen wir dem Emmausevangelium entnehmen: Jesus geht mit, kommt hinzu. Die Jünger tauschen sich in ihrem Blick zurück und auch in ihrer Enttäuschung und Trauer aus und Jesus kommt hinzu. Er kommt zu ihnen und er geht mit ihnen mit. Das ist ein tröstlicher Gedanke. Jesus kommt auf uns zu und er begleitet uns. Wenn wir zurückschauen wollen, dann begleitet uns Jesus, dass wir den guten Weg nach vorne finden können. Wir sind nicht allein. Jesus mag unerkannt bei uns sein, aber er ist da. Jesus mag bloß zuhören, aber er ist da. Jesus wird Vergangenes nicht ungeschehen machen, aber er kann es wandeln, so wie er bei der Hochzeit von Kana die harten und steinernen Krüge, die doch auch für unsere harten Herzen stehen, gewandelt hat.

Ein geistliches Tagebuch führt uns vor Augen, dass unser Leben eine Reise ist. Und dass wir eingeladen sind, auf dieser Reise zu wachsen. Das Buch Tobit im Alten Testament kann uns einiges erzählen darüber, wie wir eine schwierige Reise unternehmen sollen. Der alte Tobit schickt seinen Sohn Tobias auf eine lange und beschwerliche Reise.

- Er gibt ihm guten Rat mit auf den Weg: „Denk alle Tage an den Herrn, unseren Gott! Handle gerecht, sei barmherzig, sei nicht kleinlich! Suche nur bei Verständigen Rat! Einen brauchbaren Ratschlag verachte nicht! Preise Gott, den Herrn, zu jeder Zeit, bitte ihn, dass dein Weg geradeaus führt und dass alles, was du tust und planst, ein gutes Ende nimmt. Denn niemand ist Herr seiner Pläne, sondern Gott selbst gibt alles Gute!“ (nach Tobit 4,5–19)
- Gott schickt einen Engel als Reisebegleiter. Jemand, der uns hilft, unseren Weg zu gehen, den Gott für uns vorgesehen hat, ist ein Engel. Das wollen wir nicht vergessen. Der Engel im Buch Tobit sagt: Ich will mit dir reisen. Ich kenne den Weg (Tobit 5,6). Wir können bitten um Engel, die den Weg kennen und uns führen können.
- Die Reise wird von Tobit, dem Vater des Tobias, gesegnet: Gott, der im Himmel wohnt, wird euch auf eurer Reise begleiten (Tobit 5,17). Beten wir um Gottes Segen auf unserer Reise, Tag für Tag.
- Die Reise, die Tobias unternimmt, ist ein Dienst an seinen Eltern. Er wird auf diese Reise gesandt. Er hat eine Mission zu erfüllen. Welche Mission haben wir

zu erfüllen? Von wem lassen wir uns senden, wem wollen wir dienen? Wem dient unser Leben?

- Tobit ist, weil er gottesfürchtig ist, auch ohne Angst und voll Zuversicht, er ist sicher, dass die Reise gelingen wird. Er sagt zu seiner Frau: „Mach dir keine Sorgen, er wird gesund zurückkommen und du wirst ihn wiedersehen. Denn ein guter Engel begleitet ihn und seine Reise wird ein gutes Ende nehmen" (Tobit 5,21f). Um diese Zuversicht und dieses Gottvertrauen wollen wir beten und darauf vertrauen, dass unsere Reise ein gutes Ende nehmen wird.
- Auf der Reise lauern auch Gefahren. Tobias wird von einem übermächtigen Fisch fast ins Wasser gerissen (Tobit 6,2–5). Da ruft ihm der Engel vom Ufer aus zu: Pack den Fisch! Tobias sieht also der Gefahr ins Auge, packt den Fisch und überwältigt ihn und aus den Eingeweiden des Fisches gewinnen sie wertvolle Heilmittel. Was lernen wir daraus? Gott räumt nicht die Gefahren aus dem Weg, aber hilft uns, sie zu bestehen. Wir sind aufgerufen, nicht davonzulaufen, sondern Gefahren ins Auge zu sehen, zuzupacken, zu handeln. Und aus einer überstandenen Gefahr gewinnen wir viel, was uns heilsam sein wird auf unserem weiteren Weg. Daraus gewinnen wir also Kraft. Unsere Lebensreise wird vielleicht nicht leicht sein, sicher nicht ohne Schwierigkeiten und Hindernisse. Aber wenn wir um Gottes Beistand bitten, werden wir an diesen Schwierigkeiten wachsen.

- Das Buch Tobit erzählt auch von der glücklichen Heimkehr des Tobias, der mit dem erworbenen Heilmittel auch seinen blinden Vater heilen kann. Um diese glückliche Heimkehr wollen wir beten. Es ist sicher kein Fehler, immer wieder um eine gute Sterbestunde zu beten. Es ist sicher kein Fehler, darum zu beten, dass wir die Mission, die wir mit unserem Leben haben, erfüllen können.

Wenn wir Gott um Seinen Segen bitten, wird uns dieser Segen zuteil werden. Wenn wir auf Gott vertrauen und den Weg gemeinsam mit Ihm gehen, werden wir nicht enttäuscht werden. Gott lässt uns nicht im Stich. Mehr noch: Wenn wir Gott um Seine Führung bitten, wird Gott uns führen. Ein Wort aus Asien lautet: Ich sagte zum Engel, der an der Pforte des neuen Jahres stand: Gib mir ein Licht, damit ich sicheren Fußes der Ungewissheit entgehen kann. Er antwortete: Geh nur hin in die Dunkelheit und lege deine Hand in die Hand Gottes. Das ist besser als ein Licht und sicherer als ein bekannter Weg! Wagen wir es doch zu beten: Guter Gott, nimm unser Leben in Deine Hände. Bitte führe uns auf dem Weg, den wir gehen sollen. Hilf uns, immer wieder neu anzufangen.

Schlusswort: In einer Kultur der Liebe leben

Wir können uns dafür entscheiden, aus der Liebe zu leben. Wir können uns dafür entscheiden, liebevolle Menschen werden zu wollen. Erich Fromm hat das Lieben als eine Kunst beschrieben, die man einüben kann und pflegen muss, die man von Beispielen und Vorbildern lernt. Diese Kunst muss uns wichtig sein, sonst würden wir nicht die Kraft haben, an dieser Kunst zu arbeiten. Wir alle kennen Menschen, die wir als liebevolle Menschen anerkennen können. Ein Mensch, der zuhört, ein Mensch, der selbstverständlich da ist, ein Mensch, der den anderen wachsen lässt; ein Mensch, der gütig ist, einen Blick für Details hat, überraschen kann, geduldig ist. Liebe hat vor allem mit „Aufmerksamkeit" zu tun; mit „Warten können auf den anderen", mit „Geduld"; mit „Achtsamkeit" – die französische Denkerin Simone Weil hat diesen Begriff der „Aufmerksamkeit" in die Mitte ihres Nachdenkens über die Liebe gerückt. Liebe kann als tätige Sorge für das Leben und das Wachstum derjenigen, die wir lieben, verstanden werden. Wenn man Heimat als einen Ort versteht, an dem Wachstum möglich ist, dann schafft die Liebe Heimat für einen anderen Menschen, einen Raum ohne Angst. Liebe und Angst sind die großen Gegenspieler, die einander ausschließen.

Ein Leben aus der Liebe macht Freundschaft möglich. Der heilige Franz von Assisi hat einer Überlieferung nach am Ende seines Lebens einem seiner Freunde, dem Bruder Tankrez, Folgendes aufgetragen: „Der

Herr hat uns zu den Menschen gesandt, das Evangelium zu verkünden. Aber hast du schon darüber nachgedacht, was es bedeutet, die Leute zu evangelisieren? Einen Menschen evangelisieren heißt, ihm zu sagen: Auch du wirst von Gott geliebt in unserem Herrn Jesus Christus. Und es ihm nicht nur sagen, sondern es wirklich denken, und es nicht nur denken, sondern sich diesem Menschen gegenüber so verhalten, dass er spürt und entdeckt, dass in ihm etwas Erlöstes steckt, etwas, das größer und edler ist, als er dachte. Das heißt, ihm die gute Botschaft verkünden. Du kannst es nur tun, wenn du ihm deine Freundschaft anbietest. Eine wirkliche Freundschaft, uneigennützig, nicht herablassend, die aus Vertrauen und tiefer Wertschätzung besteht. Man muss auf die Menschen zugehen … Wir müssen mitten unter ihnen sein, als befriedete Zeugen des allmächtigen Gottes, als Menschen ohne Begehrlichkeit und ohne Verachtung. Es ist unsere Freundschaft, die sie spüren lässt, dass sie von Gott geliebt und in Jesus Christus erlöst sind." Ein Leben aus der Kraft der Liebe ist ein Leben, das Freundschaft anbieten kann. Und damit die Angst, die wir voreinander und dem Leben haben, eindämmt.

Neben der Angst ist das Denken in Begriffen des Marktes ein Hindernis auf dem Weg zur Liebe, ein Denken, in dem jedes menschliche Tun als ein Tauschgeschäft oder als ein Versuch, einen eigenen Vorteil zu bekommen, verstanden wird. Auch das Denken allein in Begriffen von Rechten und Pflichten ist ein Hindernis auf dem Weg zur Liebe, die nicht immer aufrechnet und berechnet und nach Ansprüchen und Berechtigungen sucht. Liebe zeigt sich in Kleinigkeiten, sie zeigt sich im Umgang an einem Postschalter, sie zeigt sich in einem Bus, sie zeigt sich in der Art und Weise, wie wir telefonieren oder Briefe schreiben. Liebe zeigt sich auch im Denken: Wir können vielleicht nicht kontrollieren, welche Gedanken in uns hochkommen, wir können aber kontrollieren, wie wir uns zu diesen Gedanken verhalten, ob wir an ihnen festhalten und ihnen Raum geben. Liebe zeigt sich im Tun – etwa auch in der Fähigkeit, zu überraschen; einen Menschen zu lieben heißt auch, diesen Menschen zu überraschen (wie oft sehen wir in der Bibel, dass Gott die Menschen überrascht, überrascht mit der Größe Seiner Liebe – denken wir an das Buch Jona, wo der Prophet von Gottes Güte überrascht wird; denken wir an Jesu Umgang mit der Ehebrecherin in Joh 8; denken wir an Gottes Umgang mit Saulus, der durch die Begegnung mit Gott zu Paulus wird. Durch die tiefe Gottesbegegnung ändert sich auch der Name. In der Liebe Gottes kann sich der ganze Mensch verwandeln. Von Grund auf.

Jesus lädt uns ein, in einer Kultur der Liebe zu leben. Liebe zeigt sich in der Fähigkeit und Bereitschaft, Bindungen einzugehen, Versprechen abzugeben; ein liebevoller Mensch ist verlässlich; ein liebevoller Mensch bemüht sich, nur das zu versprechen, was auch gehalten werden kann nach menschlichem Ermessen; eine Bindung lebt davon, dass es nicht nur um „Wohlbefinden" geht, sondern auch um den Ernst einer Beziehung, die hält – auch in schweren Zeiten; die Unfähigkeit, ein Versprechen abzugeben, ist ein Hindernis auf dem Weg zur Liebe. Liebe zeigt sich in der Fähigkeit und Bereitschaft, sich durchbrechen zu lassen; zeigt sich daran, dass man Ansprüche an den geliebten Menschen heranträgt und auch Ansprüche an sich herantragen lässt; gerade auch, wenn Menschen in schwierigen Situationen sind, dürfen wir es ihnen, so schwer das klingt, „nicht zu leicht machen" – nicht so leicht machen, dass wir dem Selbstmitleid Raum geben, nicht so leicht machen, dass wir das Schwere wegreden wollen, nicht so leicht machen, dass wir uns weigern, in der Wahrheit zu leben. Ein Mensch, der mit der Einstellung der Liebe durchs Leben geht, wird Aufmerksamkeit und Behutsamkeit zeigen, weiß, dass es im Leben um etwas geht, dass es einen Unterschied macht, wie wir unser Leben leben. Die Liebe gibt dem Leben Frische und Tiefe – das Geschenk, jemanden lieben zu können, macht das Leben reich und erfüllt, aufregend und schön und auf eine würdige Weise schwer und bedeutsam.

Wir können an der Entscheidung, ein liebevoller Mensch werden zu wollen, arbeiten. Das ist eine schwerwiegende Entscheidung, die wir nicht leichtfertig treffen sollten, denn an dieser Entscheidung hängt sehr viel. Es ist unsere Berufung, Menschen zu werden, die es verstehen, zu lieben. Das ist das Schöne und Tiefe am menschlichen Leben. Das Leben ist Berufung. Jedes Leben ist Geschenk. Gott ruft ins Leben. Er bringt eine Geschichte in Gang. Mit jedem Menschenleben spricht Gott ein einmaliges Wort in die Geschichte. Von Gott, dem Schöpfer, erhält der Mensch als sein Abbild Anerkennung und Lebensrecht. „Deine Augen sahen, wie ich entstand. In deinem Buch war schon alles verzeichnet; meine Tage waren schon gebildet, als noch keiner von ihnen da war“ (Ps 139,16). Gott hat jeden Menschen in ein einzigartiges persönliches Leben gerufen (vgl. Jer 1,5). In jedem Menschenantlitz begegnen wir darum Gott. Wie anders sieht ein Mensch aus, wenn wir mit dieser Einstellung auf ihn zugehen. Mit jedem Menschen hat Gott etwas Besonderes vor. Nicht umsonst sagt der russische Schriftsteller Leo Tolstoi: „Liebe deine Geschichte. Sie ist der Weg, den Gott mit dir gegangen ist.“ Dieses Geheimnis der eigenen Lebensgeschichte zu entdecken und zur Entfaltung zu bringen, darin liegt unser Auftrag. Diesen Auftrag können wir mit Gottes Hilfe erfüllen, wenn wir aus der Kraft des immer neuen Anfangs leben.

Anfangen und initiativ sein … Ein Nachwort

Wenn wir zur Quelle kommen, schöpfen wir Kraft – und wir werden neu geschaffen, immer wieder. Wir bekommen Kraft für den Weg, wir bekommen Hilfe in den Orientierungsfragen, wohin wir denn gehen sollen, und wir lernen es, immer wieder neu anzufangen.

Es ist etwas Wunderbares, etwas anzufangen, unser tägliches Tun in einem Geist des steten Neubeginns zu tun. „Siehe, ich mache alles neu", ruft uns Gott im Buch der Offenbarung zu (Offb 21,5). Zu dieser Erneuerung des Denkens, des Lebens, des Seins und des Tuns lädt Gott uns ein.

Für diese Erneuerung wollen wir Anstöße geben. Um eine Grundlage für solche Anstöße zu geben, wurde in Salzburg die „Salzburg Ethik Initiative" gegründet. Diese Initiative, die in einer Kooperation von Kirche, Wissenschaft und Wirtschaft besteht, will einladen zu kleinen und größeren Neuanfängen. Die „Salzburg Ethik Initiative" will Fragen struktureller Erneuerung mit Fragen des persönlichen Wachstums verbinden. In den wichtigen Texten der Katholischen Soziallehre wurde immer wieder darauf hingewiesen, dass eine Reform der Strukturen auch auf eine Umkehr des Herzens angewiesen ist – und umgekehrt wirkt eine persönliche Erneuerung sich auch auf die Institutionen aus.

Die beiden Autoren gehen im Rahmen dieser „Salzburg Ethik Initiative" einen gemeinsamen Weg. Wir wollen nicht nur Papier füllen, sondern Impulse für Lebensveränderung geben. Dieses kleine Buch drückt dieses Anliegen aus, Hilfen für Selbsterneuerung zu geben. Es würde uns sehr freuen, wenn diese Einladung zur Selbsterneuerung von Einzelnen, aber auch in Gruppen und Pfarren angenommen werden könnte – als Impuls für frei gewählte, phantasievolle und kreative, kraftvolle und überraschende Lebensgestaltung im Geiste Gottes.

Das Tröstliche bei all diesem Ringen um Erneuerung ist die Kraft, die wir aus dem Vertrauen auf das Wirken des Geistes schöpfen dürfen. Gott unternimmt alle Anstrengung, um uns zu führen. Wenn wir nur an die Emmausgeschichte denken – Jesus, der Auferstandene, gibt nicht mit Pauken und Trompeten kund, dass Er auferstanden ist, um so die Menschen gleichsam zum Glauben zu zwingen. Nein, ähnlich unscheinbar und mühsam, wie die Geburt Jesu sich ereignet hat, legt Jesus Zeugnis von Seiner Auferstehung ab. Er geht den ganzen langen Weg mit zwei Jüngern, so lange, bis sie verstanden haben, wer der Bote ist, worin die Botschaft besteht, warum Bote und Botschaft eins sind. So steht die Emmausgeschichte auch für den Lebensweg von jedem einzelnen Menschen.

Allen Leserinnen und Lesern dieses Buches wollen wir den Glauben an die Kraft der Liebe Gottes wünschen!